信頼される
教師の受信力

子どもも保護者も
ついてくる40の法則

森上一美 著

明治図書

はじめに

　子どもたちや保護者から信頼される教師になりたい…これは，すべての教師の願いです。そうなるためには，どうすれば伝わるか，理解されるかと，課題意識をもつこともあることでしょう。

　これまでの長い現場経験から痛切に感じることは，経年とともに，教師は発信力（発信スペック）が強くなります。どう伝えられるか，どう噛み砕いてメッセージを伝えればよいかの研鑽を積み，全体を仕切り，的確な話や指示を明確に伝える発信力（発信スペック）に力を注ぐことが大変多いと思います。

　このことは，親としても同じことが言えます。第1子の生まれたときには，親としてもスタートしたばかりで，どうしたらいいか分からないことの連続ですが次第に落ち着いてくると，「ちゃんとしつけなきゃ！」という責任感と自覚で，子どもへの発信が多くなります。

　本書では，長い教師経験と親としての経験を踏まえて，発信力（発信スペック）を発揮するためには，大前提として聞く力，受けとめる力，感じとる力，即ち，受信力（受信スペック）が大事ということを主張しています。しっかりと受信力（受信スペック）を磨き続け，豊かな受信力（受信スペック）によって子どもを把握することができれば，発信力（発信スペック）も効果的に発揮されます。

　豊かな受信力（受信スペック）を取得すればするほど，おのずと必要な発信力（発信スペック）は身についていきます。受信力（受信スペック），これは学級担任や校長，教頭，教務主任などの役職者や養護教諭，栄養教諭など教師全員，さらに，これから教職をめざす学生の皆さんにも，ぜひ磨いていただきたいことです。

　2018年5月

金城学院大学教授　森上　一美

真の受信力の12のポイント

①見えていないことが多いと認知する
見えていることは一部で，分からないことが多いのだという認識をします。

②人に興味をもつ
分からないことが多いから，どんな思いなのだろうと興味をもちます。

③日々新たな気持ちになる
人の気持ちは変わるものです。昨日とは違うかもしれないと予想します。

④子ども理解に努める
子どものことをしっかり理解したいという情熱をもちます。

⑤うまく問う
相手が応答しやすい問い，答えやすい質問を心がけます。

⑥受信力あってこその発信力と考える
ダーツは的があり，それを目掛けて矢を放ちます。対話では，相手の気持ちをつかんで初めて，自分の意見も的確に言えて伝わるのです。

⑦冷静な落ち着いた気持ちで対応する
興奮しては正しい理解はできません。相手の気持ちを察するには，クールダウンして，少し間と距離をとってみましょう。

⑧志はしっかりともつ
願いやめざすものを肝にしっかり抱き，根幹がブレないようにしましょう。

⑨相手と呼吸を合わせる
サーフィンのように，相手の波長に合わせてつながっていきましょう。

⑩子どもの行動の仕組みを知る
行動の傾向やパターンを探り，できる限り予想を立てながら行動特性の理解に努めましょう。

⑪分からなくても普通と考える
何でも知り尽くせると思わないことです。

⑫鮮度を大切にする
自分の感覚の鮮度を高めましょう。決めつけはNGです。子どもは日々成長しているのです。

目　次

はじめに　2

① 事実は小窓からの景色ととらえる ─────── 06
② 子どもを曇りなき眼（まなこ）で見る ─────── 10
③ 連絡帳を見たらすぐに保護者へ電話する ─────── 14
④ まずは保護者の思いを受信する ─────── 18
⑤ Q&Aでなく，Q&Qで展開する ─────── 22
⑥ 「なぜ？」と問わない ─────── 26
⑦ 「〇〇のように見えたよ」などと言う ─────── 30
⑧ 医療から手順を学ぶ ─────── 34
⑨ 見えているのは一部分だけだと認知する ─────── 38
⑩ 「大丈夫だよ！」には，注意する ─────── 42
⑪ 人を好きになり人に興味をもつ ─────── 46
⑫ 今この場をいろいろな人が見ているように感じる ─────── 50
⑬ 1本の電話で，ピンチが一転する ─────── 54
⑭ 常に子どもを中心に置いているイメージで保護者と話す ─────── 58
⑮ ダメージへの共感が対応のスタートとなる ─────── 62
⑯ 常に問題の本質とは何かを見極める ─────── 66
⑰ 問題要因の整理整頓や条件整理をする ─────── 70
⑱ 新鮮な感覚で人と向かい合う ─────── 74
⑲ もう大丈夫でなく，まだまだだと考える ─────── 78
⑳ 情報は求める人だけに集まる ─────── 82
㉑ 行動療法は自動販売機をイメージする ─────── 86

㉒ 報連相だけでは栄養不足と考える …… 90
㉓ 自分からでなく相手から喋ってもらう …… 94
㉔ 当事者の目から第三者の目に転換する …… 98
㉕ 開かれた学校にする …… 102
㉖ アナログ対応とデジタル対応を使い分ける …… 106
㉗ 解決の最重要点は，始めの一歩にある …… 110
㉘ 子どもは思ったとおりに育つのではなく，言われたとおりに育つもの …… 114
㉙ 愛情の充電をする …… 118
㉚ 子どもから豊かに学ぶ …… 122
㉛ 子どもの心の中は見透かせない …… 126
㉜ 成長して大きく変容する …… 130
㉝ 本当の親切とは何かを追究する …… 134
㉞ 起きた事案は理由を追究する …… 138
㉟ 自分の言葉がどう伝わったかを把握する …… 142
㊱ 多様性への柔軟性をもつ …… 146
㊲ 必要なわがままもあると考える …… 150
㊳ お礼を言われるまで問題対応をする …… 154
㊴ 保護者は協働行動の同志である …… 158
㊵ 本当に子どものためになるかを考える …… 162

おわりに　166

① 事実は小窓からの景色 ととらえる

違う小窓から見ると，景色は違って見える

　富士山は，静岡県から見る富士山が日本一だ，山梨県から見た富士山が日本一だなどという話があります。

> 　事実は小窓から見た景色です。だから，事実は１つではありません。
> 　見えている色は赤。でもきっと赤以外の色もあるのだろうという思いが大事です。

　見えているものがすべて１つという考えは決めつけです。
　事実は１つではないのです。教師から見て，「あの子は乱暴だ！」と考え

られる場合もありますが，ある瞬間は乱暴な姿を見せたとしてもその子を「乱暴な子ども」と決めつけることは危険だということです。

あの子の見えていない部分がきっとあるだろう。違う一面もあるに違いないという見方をしていく必要があります。

その瞬間の乱暴な行動については指導をする必要があります。しかし，この子のすべてが乱暴だと決めつけた場合と，そうでない場合では，対応は変わってきます。

自分の見立ては正しいと過剰に自信をもつと，その子どもの行動した理由が正しく受けとめられないことがあります。その子どもには何かそうしなければならない理由があったのかもしれません。しかし，決めつけてしまうと，子どもが「だって，あの子が〜したから。」と言っても，言い訳にしか聞こえなくなります。行動にはすべて理由があります。丁寧に聴いてあげましょう。

子ども同士のトラブルは，互いに違う景色を見ている

「わざとぶつかってきただろう！」「いやいや，たまたま当たっただけ。」
「睨んできた！」「違うよ，偶然，目があっただけ。」
こういったトラブルは学校生活ではよくありますね。
自分の小窓から見たら，「あいつはわざとぶつかってきた。」
自分の小窓から見たら，「あいつは睨んできた。」
この場合は，双方の人間関係，これまでの経過経緯，その瞬間の心境等，様々な要因が絡んできます。
どちらかが嘘をついている場合もありますね。
そのあたりをしっかり見極めて，それでも本当にそう思っていると感じた場合，次のように語りましょう。
「そうか，あなたはそう見えたんだね。でも，あの子も絶対にわざとでないですと言ってるよ。そうやって，見える事実が違うことがあるよ。」

「分からない！」ということが大事

　異なる窓から見たら違う景色が見えるということは，普通に見ただけでは，「見えていないことがある」ということです。
　私たちが見えているものは氷山の一角なのです。
　そう思うと，「もっと知りたくなる。」という気持ちが芽生えてきます。
　これが大事なのです。

「見えること」＆「きっとあるだろう見えないこと」を，意見交流する

　つい，親としても，「うちの子はこういう子なんですよ。」と決めつけているところがあるかもしれません。
　「でも，学校ではこう見えますよ。でもこんなこともありますよ。なるほど，家ではそんな一面もあるんですね。いいこと聞かせてもらいました。」などと言って家庭と学校でどんどん情報交流していきましょう。

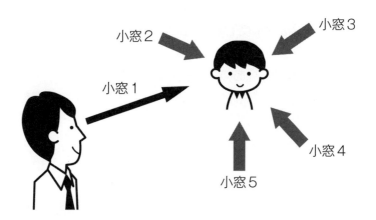

ポイント

●子ども理解について景色のとらえ方

- この子どもには，こんな一面があるんだな。
- 見えていない異なる面もあるに違いない。
- 他にどんな側面があるんだろう。
- 子どものことをもっともっと知りたいな。
- 今日はいつもと違うな。どうしたんだろう。
- 何かあったんだろうな。
- どうしたら分かるかな。

●起きたことについて景色のとらえ方

- 一見すると，いじわるに見えるな。
- でも，友達のことを思ってのことかもしれないな。
- 何か自分の中でこだわっていたことがあるかもしれないな。
- あの子に対して，特別な思いがあったのかな。
- こちらの子どもから見たら，○○さんはただのわがままなんだな。
- 今は怒っているけど，本当は悲しんでいるのではないかな。
- いろいろな見え方，感じ方があるんだね。

② 子どもを曇りなき眼（まなこ）で見る

　1997年に公開され大ヒットした宮崎駿監督のスタジオジブリのアニメーション映画「もののけ姫」には，勇敢な少年アシタカが出てきます。
　人間とシシ神の森のけものたちの戦いがテーマの物語ですが、なぜこの戦いが起きてしまったのか。どちらに非があるのか，アシタカは自分が負った祟りを受けとめながら，私情に惑わされず，冷静沈着に見極め曇りなき眼で見るということをします。
　この勇敢な少年アシタカから，学校教育は大変重要なことを学ばなければなりません。子どもたちと日頃かかわっていると，無意識のうちに，「この子は○○な感じの子ども，保護者」というイメージができてしまいがちです。
　このことにより，子ども同士のトラブルや保護者の苦情等，今起きたことの本質を見誤ってしまうことがあるのです。
　感情的にならず，これまでに感じた印象に縛られず，「自分の見えていないことがきっとあるかもしれない。」という感覚をもちましょう。
　曇りなき眼で見る…色メガネで見ず，純粋に何があったのか，どういう気持ちだったのか，どんな具合だったのだろうか…と，新鮮な感覚で，すべての子どもや保護者やスタッフとのかかわり，そして起きたことへ対応することが大事です。

　常に新鮮な感覚で対応する気持ちをもつことが，本物の教師になるための近道です。

学校教育での，曇りなき眼，新鮮な感覚とは何かを考える

● **昨日までのことはリセット**

特に，子どもの失敗体験について，教師が引きずらないことです。

● **一期一会**

担任になれば子どもと1年間ずっとかかわりますが，あえて，今日の日を新しく始まった日（新学期や新年度）という気持ちでいるということです。

● **今日，新たな出会い**

日々顔を合わせ，かかわる関係ですが，この子どもたちと今日新たに出会ったつもりで，対面するということです。心の中で，「はじめまして，よろしくね。」という気持ちになるということです。

こうした姿勢で子どもにかかわることで，昨日までに気付いていなかった，子どもの新たな面を発見するチャンスを生み出すことになります。

おとなには子どものことは全部見えてはいません。これはすべてのおとなに経験があることです。自分の子ども時代に，親に話していないこともあったり，親が自分の心の中をすべて知っていたりすることはないですよね。ましてや学校の先生においては言うまでもありません。

ですから，少しでも見えないことを減らしていくために，曇りなき眼でいることを大切にしていきましょう。

謙虚な気持ちで曇りなき眼で見る

　教師は，見えている姿や印象はほんの一部であるという認識をしっかりもつことが大切です。
　人間理解は奥が深いとともに，決めつけや断定することが誤りであることをしっかり認識することです。

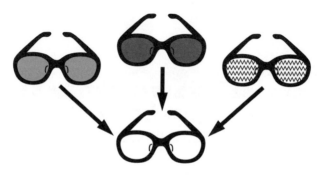

曇りなき眼→常にメガネをクリーンに

全体を見る（森と木の両方を見る）→1人1人を丁寧に見る

ポイント

●子ども1人を見ていくときの曇りなき眼

・色メガネで見ない。
・気持ちを落ち着かせて,見ていく。
・自分の見えることは,一部だと自覚し,謙虚になる。
・子どもを見ること(観察)を楽しみにする。
・役に立ちたいという志をいつももっておく。
・自分の感じた思いが,本当に間違いないか,何度も見直してみる。

●子どもたちを集団で見るときの曇りなき眼

・1人の子どもだけに限定しない。
・子どもたち1人1人をずっと見ていく。
・1人の子どもの行動や発言に対して,周りの子どもたちはどういう反応をしたのか,表情の変化があったのかを観察していく。
・自分の眼がテレビカメラになったつもりで,俯瞰してみんなを把握していく。
・子どもたちみんなを見ることが忙しいなと感じるくらい,子どもを見るためのエネルギーを拡大させていく。

③ 連絡帳を見たらすぐに保護者へ電話する

　ある朝，子どもからもらった連絡帳を見て，すごいショックを受けました。保護者からの怒り，苦情が書かれていました。
　「うちの子は，○○さんからいじめを受けている。」
　「先生が昨日，○○と言われたようですが，親としては信じられません。」
等，内容は様々なことが書いてあります。
　こんなときはどうしたらいいでしょう。

> 　教頭先生や教務主任の先生に，報告，相談するとともに，保護者へ電話しましょう。
> 　電話する目的は，保護者から詳しく聞くということです。

　ここで大事なことは発信ではなく，受信なのです。
　説明するとか，考えを述べるということより，保護者の真意を，直接話して聞き取るということです。この段階で，これからこう対処します，このように改善していきますと，対応策を述べる必要はありません。
　ただ，単にどんなお考えか，思いか，直接聞くということです。

> 　おはようございます。今，連絡帳を拝見いたしました。
> 　ご心配をおかけしました。改めて，お聞かせいただけますか？

こういう連絡をした保護者の思いを想像してみる

　まず，電話を受けるまでの保護者の気持ちはどうでしょう？
「ちゃんと，うちの子は先生に連絡帳渡したかな？」
　もし，担任が電話をしない場合，昼間はどんな思いでしょう？
「先生は連絡帳見てどう思ったかな？」
　とにかく，昼間モヤモヤとした気持ちになっています。

朝一番に電話連絡をもらった保護者の心境を考える

　保護者はどう受けとめてくれるか不安，不信があっても，教師が「詳しくお聞かせください。」という姿勢を示すことで教師に好感を抱き，「結構，いい先生じゃない！」という心象をもってもらえます。
　人は気持ちを文章で全部書ききれないので，話を聞いていくと，書けなかった真意が表出することになります。本当は，子育てに自信をなくしていたり，戸惑っていたりすることが判明することがあります。

> 今日，対応して分かったことを，また夕刻電話させていただきますね。

　このような１本の電話で，１日，かなり軽い気持ちになり，教師への信頼を築く機会にもなります。まさしく，ピンチがチャンスです。電話をかけるのは気が重いとは思いますが，電話した後，必ずかけてよかったと，ひと安心できます。

「書く,読む」より「話す,聞く」

　連絡帳は事務連絡の伝達では有効な手段です。
　しかし,連絡帳は事務連絡以外の目的で使われることが多いです。
　限られた紙面で,思いを書ききるということは大変難しいことで,根底にある心情などは表現できないこともあります。ですから話をしましょう。本当は直接会って話すことが,もっとも意思の疎通を図る上で有効ですが,この場合は朝一番のスピード感も大事です。

スムーズに電話ができるようになろう

　学校から家庭へ電話する場合,「お子さんがケガをしました。」「トラブルが起きました。」など何かが起こった場合がほとんどです。
　連絡帳によるクレームの場合は,保護者には心理的に負荷がかかっていますが,問題解決のために,積極的にこちらから電話することで,先方の意向を受信することができます。躊躇せず電話しましょう。

ポイント

●連絡帳を子どもから預かってすぐに行動する

　早ければ早いほど効果的です。
　「今，拝見させてもらいました。」と挨拶するだけでもいい効果が現れることがあります。
　連絡帳を読んで，すぐ問題解決の改善策を講じる必要はありません。
　むしろ，これから改善策を講じるために，電話するのです。
　話は聞くだけでいいのです。
　「連絡帳，今読ませていただきました。すみません。ご迷惑をおかけしました。お話をお聞かせください。」と，最初に語りましょう。
　「夕刻，本日対応して分かったことを，報告しますね。」と結びます。

●ピンチがその保護者とつながるチャンスに

　連絡帳を読んでどう受けとめるのだろうかと，不安だった保護者に，「あっ，結構いい先生じゃない！」と，喜んでもらえるチャンスにもなります。
　保護者の本音が分かってきます。教師にきついことを書いてみたけど本当は，子育てについて，保護者自身の不安が表れている場合もあります。大変さを共有するチャンスにもなります。
　自分に非があると自覚できる場合は，素早い謝罪という有効な手立てもとれます。

④
まずは保護者の思いを受信する

　子どもに課題や問題があり，学校としてはやるべきことをやっていると判断しているとき，保護者にオファーをかけて面談をします。そのとき，呼び出された保護者は，構えて来校してくることが多いです。それでも，帰るときは，保護者が笑顔で帰る絶対に失敗しない面談の在り方です。

> 〈絶対に失敗しない保護者との面談3つの矢〉
> 【一の矢】　何かお困りのことはないですか？
> 【二の矢】　お子さんは，お母さん（お父さん）をどう思ってますか？
> 　　　　　優しいそれとも，怖いお母さん（お父さん）と思ってますかね。
> 【三の矢】　お母さん（お父さん）は，お子さんと同じ歳のときと，よく似ておられますか？

　「本日は，ご来校いただきましてありがとうございます。学校として，ぜひ，○○さんの成長に，お役に立たせてもらいたいと思い，面談させていただければと思いました。」
　こうやって切り出した後に，3つの矢を放ちます。

3つの矢を放つ

【一の矢】　何かお困りのことはないですか？

→最初はなかなか喋ってもらえない場合が多くあります。

【二の矢】　お子さんは，優しいお母さん（お父さん）と思っておられますか？　それとも，怖いお母さん（お父さん）と思っておられますかね。

　→親子関係が分かります。

　　教師「そうですか。怖いと思われるのは，どんな理由からだと思われますか。」

【三の矢】　お子さんと同じ歳のとき，お母さん（お父さん）は，よく似たお子さんでしたか？

　→保護者の生育歴が見えてきます。

　１つ１つの矢について，「どういうことですか？」「へえ，そうですか。もう少し詳しく教えてもらえますか？」と，掘り下げて聞いていきます。

　保護者の話の中で，「？」を見つけていきます。「？」を見つけたら，「先ほど○○と語られましたが，私は〜と思いますがいかがでしょうか。」と，この段階で初めて，意見を発信していく。しっかり聞いた後であれば，教師の指摘にも保護者が聞く耳をもち，問題解決の入り口になります。

最後にプラスワンをする

　面談の最後には次の言葉を発していきます。

　「お母さん（お父さん）が今学校に来られていることを，お子さんはご存じですか？　どんな思いで待っておられるでしょうか？　子どもの予想通りにおとなが行動するのはつまらないですよね。お子さんが怒られるなと予想しているようだったら，サプライズしてみませんか。『ただいま』と明るく帰って，『さあご飯食べようか』と全然，学校の話に触れなかったら，お子さんびっくりすると思いませんか。その方が効果的だと思いませんか。」

　「それは面白いですね。やってみます。」
と反応してもらえる可能性が大です。

重い課題対応には，学校としての対応が必要

　大勢で保護者を取り囲んでしまっては，保護者が緊張して萎縮してしまうのではないかと，教師の中には心配する方がいます。
　それは面談終了時に，保護者がどう思うかということで決まります。
　「みんなでよってたかって。」「1人では話せないからだよね。」という印象をもたれるかどうかは，同席するスタッフの思いによって変わるものです。学校の総力を挙げて，お子さんの抱える課題に向かい合い，立ちゆくことをめざすという姿勢なのかどうかは，必ずそれらの意図が場の雰囲気にも表れます。
　保護者と面談する内容には，学校生活上の情報交換という場合もありますが，就学指導や発達特性にかかわる課題等，様々な案件があります。
　保護者との面談の場が，学校として体制や姿勢が見える最大の場です。
　学校全体として，協議して対応をしていきましょう。

課題によっては学級担任だけでなく，校長，教頭，教務主任も同席し，学校全体でお子さんを応援していこうという学校の姿勢をアピールしましょう

ポイント

●親子関係が見える言葉がけ

・今日はお子さんのために，学校としてお役に立たせていただきたいと思い，ご足労いただきました。ありがとうございました。
・お子さんのことで，何かお困りのことはありますか？
・お子さんから見たら，お母さんはどんなお母さんですか？
　優しいお母さんですか？　それとも怖いお母さんですか？
・お父さんはどうですか？

●保護者の生育歴が見える言葉がけ

・お母さんがお子さんの歳のときは，似たようなお子さんでしたか？
　違うお子さんでしたか？　お父さんはどうでしたか？

●問題解決の入り口が見える

　保護者に沢山語っていただき，親子関係や生育歴等が見えてくると，問題解決の入り口も見えてきます。語ってもらった多くの言葉の中に，1つや2つの「？」が浮かんできたら，それが入り口です。

❺

Q&Aでなく，Q&Qで展開する

　人は質問されたら回答しようとします。このQ&Aは，当然のことですが，学校教育において，事務連絡的でない事柄，相談とか意向表明等においては，すぐに回答しない場合が必要かつ有効なケースが多くあります。

> 　Q&Qは，問われたらすぐに返答しようとせず，逆に，問い返してみるという行動です。

　教師は正解を言おうとすることが根本的にあり，問われたら何でもすぐに対応しようとするところがあります。
　Qに対して，その言葉を真に受けて，直球で答えようとします。
　しかし，

> 　相手がどんな意図でそれを問うているのか，どんな意図があるのかをつかむことが本当に大切です。

　相手の真意をつかまなければ，最善の回答はできません。
　そのために必要なことは，Q&AではなくQ&Qで問い返して，その応答をみて，真意を推し量ることが，受信力（受信スペック）です。

Q&Qで，聞き返す

- 何か気になることがありましたか？
- それを聞かれるのには，何か理由があるのですか？
- もう少し詳しくお尋ねの内容を，お聞かせいただけますか？
- どこから，そのことが気になりましたか？
- それが気になられるのは，どのようなお気持ちからですか？

　以上のような言葉で，質問された相手に，問い返すことが大事です。
　このことは，子どもに対しても同じです。
　子どもの場合は，もっと感情がストレートなので，聞き返しのQも平易な表現が伝わりやすいです。

- 何かあった？
- 何か気になることがあるんだね。
- どんなことから気になったの？

　保護者でも，教職員でも，子どもでも，心の中に真意があります。それをより正確にとらえてから，応答することで，きちんとしたコミュニケーションができます。中心を外した状態で，対話が進んでは，後々くい違うようなことになるかもしれません。
　また，Q&Qで聞き返すことで，応答する間ができて，適切な返答ができる時間的ゆとりがつくれることにもなります。

間をとることが大事

　教師は基本，真面目な性格の人たちが多いです。
　だから，誰かに質問されたら，すぐに答えなければならないという心理が働きやすいのです。
　このことには，2つの理由があります。

①何とか疑問を解いて，スッキリさせてあげたいという温かい思い
②教師の発信力（発信スペック）の強さ

　この，温かい思いと発信力（発信スペック）をより有効にするために，あえて，受信が大事なのです。
　聞かれた問いに対して，一度問い返しをすることで，相手の真意や理解度，状況等をつかみ，温かい，力強い発信をすることを志していきましょう。
　間をとることで，心にも余裕が生まれるのです。

○○についてどうしようと思われますか？

 はい，心配ですね。他にはどんなことが気になりますか？

 ○○について，皆さんにはどのようにとらえられていますか？

ポイント

●保護者への対応で，Q&Q をする意味

　保護者の思いを正確に受けとめることが必要です。
　思いとズレて応答すると，その後，難しい展開を招くことにもなりかねません。
　正確な情報が伝わっているかどうかの確認が必要です。
　そのためには，ゆったり構える，心のゆとりもつくりましょう。

●子どもへの対応で，Q&Q をする意味

　教師はもの分かりのよい人が多いです。
　でもこれを，あえてもの分かりの悪い教師になり，いろいろと問うことをめざします。
　子どもへの問いから，その子どもの心の中を探ることが重要です。
　そうすることにより，その子どものつまずきをつかむことができます。

●教職員への対応で，Q&Q をする意味

　教職員として情報や思いをしっかり共有するために有効です。
　話を聞いてくれるという保護者の安心感につながります。

❻

「なぜ？」と問わない

　もし，職場で上司に意見や相談をしたいとき，次の3通りの応答ではそれぞれどのような印象を受けるでしょうか。
　部下として，「ちょっと駄目かなと不安を感じながらも，でもやってみたい」ので，思い切って上司に話しかけた場合です。

①自分「～したいと思うのですがいかがでしょうか？」
　上司「なぜしたいの？」
②自分「～したいと思うのですがいかがでしょうか？」
　上司「どういうこと？」
③自分「～したいと思うのですがいかがでしょうか？」
　上司「どこから思いついたの？」

　どうでしょうか。
　①は少し否定された感じがしませんか。②や③は「もっと詳しく話せばいいんだ。」という感じになりませんか。
　応答1つで，相手に与える印象が随分変わりますね。
　これが子どもに対してだったらどうでしょう。
　自分がどう思っているかとは関係なく，相手にどんな印象を与えるか？
　このことを大切にしていきたいですね。
　そのときの応答によって，相手に自分が思ってもいないことを思わせているかもしれません。

「なぜ？」は根拠や理由を問う言葉

　根拠や理由を問うときには，疑問，懐疑的な思い，やや否定的な思いがあることが多いです。いい提案と思い純粋に根拠や理由を問うならば，最初に，提案に対し称讃すべきです。その上で理由を聞くと，相手も安心して答えやすくなります。

「どういうこと？」は詳しく説明してと依頼する言葉

　詳しく説明をしてもらうのは，そのことに興味をもったからです。人は興味をもったことに対してはもう少し聞きたいという欲求が生まれ，その思いは相手にも伝わります。そうするとちゃんとした返答がされてくるのです。

「どこから思いついたの？」は着眼点を聞く言葉

　着眼点を問うのは，提案に対して敬意，称讃を感じるからです。「なるほど，いいことを思いついたんだね。」と感心したり，「そんなアイデアをどうやって思い起こしたのかな。」と聞いたりすることで，相手は安心して返答できるのです。

温かく受けとめる

　教師の仕事は，子どもや保護者や学校のスタッフ等皆さんとの絆づくりが大切であると思います。信頼関係をつくり，「元気を出して取り組んでいこう！」というエネルギーを生み出すことが大切です。そのためには，気楽に話しかけていける雰囲気を，おとなや子どもたちのすべての相手に感じさせることが大切だと思います。

そんなつもりはなくても，こちらの応答によって，相手に話しづらい印象をもたせることは勿体ないことです。

会話を弾ませる

　信頼関係をつくったり，考えを練り上げていったりするためには，会話を途絶えさせず，続けていけるように創意工夫することが大切です。
　そのことが，お互いに，気持ちを分かち合うことにつながります。
　ぜひ，相手が返しやすいような問いを心がけていきましょう。

ポイント

●学校スタッフとの対話の心構え

　常に，スタッフの気持ちを聞くことを心がけます。
　そのつもりがなくても，「なぜ？」という応答は否定的だと思われることがあります。
　職場の人間関係を濃密にしていくために必要な応答です。
　第一感では，相手の本当の思いとズレることがありますので丁寧に聞くということに努めましょう。
　例え提案を受け入れ難くとも，しっかり思いを受けとめる職場の雰囲気づくりは，豊かな心の子どもを育むためにも大切です。
　職員間でこのようなやり取りを実践することが，子どもへの実践にもつながります。

●子どもとの対話の心得

　発言の後に，理由や根拠を聞くと固まる子どもがいます。
　自信のないとき，子どもたちの思考は止まってしまいやすいです。
　「どういうこと？」「どこから？」は，直接的に理由や根拠を述べるように言われたわけではないので，肯定された感じが生まれ発言しやすいものです。このような経験を豊かに積むことで，理由や根拠を語る力が身につきます。
　これらのことは，他の子どもたちにとってもいい影響を及ぼし，授業全体で，対話が活性化していきます。

⑦「○○のように見えたよ」などと言う

掃除の時間です。教師が校内を歩いているとき，ある子どもに会いました。どうも，その子どもは掃除をサボっているようでした。
こんなときの２つの発信例です。
それぞれの教師の言葉を，子どもはどのように受けとめるでしょうか。

> ①教師 「今，サボっていたよね。」
> ②教師 「今，サボっていたように見えたよ。」

①と②では，その後の展開はどう変わるでしょうか。

①の「今，サボっていたよね。」の主語は，「あなた」

サボっていると言われた場合，言われた本人としてはどうでしょう。本人がサボっていたと認める場合はいいのですが，本人としてはサボっているつもりはなかったということもあります。
そんなときは，次のようなリアクションが起きるでしょう。
　子ども　「僕は絶対サボっていない！」

②の「今，サボっていたように見えたよ。」の主語は，「私」

②はアイメッセージです。

あなたが本当にサボっていたのかどうかは分かりません。でも，あなたの様子を見たら，「サボっているように見えましたよ。」ということです。
　それでも，子どもによっては「僕はサボっていない！」と主張することがあります。でも，この「サボっていたように見えたよ。」という言葉には次のように重要な意味があります。

> 　自分がどういうつもりであったかということとともに，他者から見たらどう見えるかは，人から信頼を得るために大変重要なこと。

　社会に出たときも，上司からどう見えたか，顧客からどう見えたかは成果にも直結します。ですから，「サボっているように見えることがないようにすることが，これからの課題だね。」と意味づけしていきたいですね。

> 〈アイメッセージのいろいろ〉
> ・私には，あなたがすごく落ち込んでいるように見えたよ。
> ・私には，あなたが大変悲しんでいるように見えたよ。
> ・私には，あなたが何かいいことを思いついたように見えたよ。
> ・私には，あなたが何かものすごく悩んでいるように見えたよ。
> ・私には，あなたがとってもがんばっているように見えたよ。

　「私には，あなたの気持ちがこう感じられたよ。」ということです。相手の気持ちを感じる受信力（受信スペック）です。

教師が見えている子どもの姿は1枚の写真である

　今この一瞬に見えた子どもの姿は，DVDの動画の一時停止の画像や1枚のスナップ写真と同じようにとらえましょう。その画像や写真が，子どもの輝く素晴らしい姿に見えることもありますし，けしからんと思わず怒りたく

なる姿に見えることもあります。

　教師の皆さんは，いつもそういった場面と遭遇しています。場面の連続なのです。そしてその時の対応の仕方によっては，心ない対応だと思われることや，保護者からうちの子を全然理解していないと非難されることもあります。

　「〇〇に見えたよ！」という言葉かけは，これらに対応できるアイメッセージでもあります。ぜひ，活用していきましょう。

見えていない姿をもっと知りたいと興味をもつ

　「もっと知りたいなあ。」という気持ちを全面に出しましょう。このことは，子どもにも保護者にも理解が得られる姿勢です。思い込みや決めつけから脱却し，絆を結ぶ受信力（受信スペック）です。

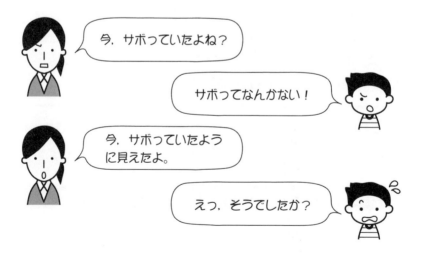

ポイント

●問題点を指摘する

　第一印象は大切ですが外から見えることと，本人の本当の思いとは必ずしも一致するわけではありません。その点を配慮することが大切です。
　ここで発信する言葉が，アイメッセージです。
　例え，本人が否定しても，他者からそう見られているということは損であることを知らせていきます。

●がんばっている子どもにエールを贈る

　がんばっていることは評価されたいという思いは誰にもあります。
　「がんばっているように見えたよ。感動したよ。」とエールを贈ります。
　喜ぶ反応と心情の吐露があるかもしれません。子どもとつながるチャンスです。

●困っていそうな子どもにサポートを

　気持ちを引き出すきっかけになります。
　教師が心配に思っているよとメッセージを贈ります。
　いつでも相談してね，待っているよとエールを贈ります。

8

医療から手順を学ぶ

　医療では，もし見立てを誤ることがあれば，命にかかわる一大事になりますから，慎重さ，正確さについて極限までしっかりなされていると思います。
　聴診器を当てたり，問診，検温，血液検査，レントゲン，CT，MRI，検査入院，カンファレンス等々の診察，診断の手法，手段が多岐にわたってあります。
　このことを，教育でも学ぶべきではないでしょうか。
　教育では，どんな方法で子どもを見ることができるのでしょうか。
　医療のように，機材を使うことはできないので，医療の機材に代わる教師眼が必要です。

・多様な視点から，子どもをよく観察していく。
・今見えている一面だけで，本人の個性や特性を断定しない。
　見えないことが，見えることより多くあると肝に銘じておく。
・これまでのイメージ，先入観に固執しない。

教師はドクターになる

教師　「Aさんはきっかけをつかめれば，とても思い切って活動できる
　　　　すばらしい子どもです。」

> 「ただちょっとした不安が生じると，弱気になってしまう傾向がありますね。」

今見えているものを絶対視しない。

> 教師　「○○に見えたけど，この子どもはこういう子なのかな。本当はどうなのだろうか？　自分が見えてないことがあるんじゃないかな？　これからの様子が気になるので，これからをよく見ていきたい。」

これまでのイメージにこだわらない。

> 教師　「新しい気持ちでやっていこうね。先生はいつでも応援するよ。先生に何かできることはない？」

　ドクターが的確に薬を処方するのは，病気の状況を的確にとらえているからです。教師も子どもへ最善の手立てを取る，あらゆる手段を駆使し，柔軟な視点，謙虚な姿勢，使命感と志を高くもち，子どもの心をきちんとつかんでいこうと努力していくことが必要です。

柔軟な思考が必要

　正解というものは誰にもないと思います。
　いろいろな仮説を想定していける柔軟な思考をもちましょう。
　それぞれの仮説を，鋭い観察や子どもへの親和的なアプローチを通して，検証して，少しずつ確かなものを築き上げていくことが大切です。
　また，教科の授業や特別活動を通して，いろいろなチャンスを与えていき，それらをどう活かしていくか，どんな言動をするか観察をしていきます。自

信のある姿，自信のなさそうな姿，強みや弱み等を解析します。

学校は稽古場と考える

　学校は試験会場ではないので，失敗を恐れないで，思い切ってやってみて，失敗もありという場所です。子どもたちに，そのことを認識させて，のびのびと生活させていく雰囲気づくりに努めます。
　これにより，ありのまま，あるがままの自分を表出できます。このことは子ども理解にもつながっていきます。保護者とも緊密な連絡をとっていきましょう。

ドクターは聴診器をあてたり問診したりきちんと診断していきます。教育もいろいろな側面で子どもを見ていきましょう

ポイント

●教師の仕事は，一生モノであると自覚する

　医療のように，教育も緊張感を常に忘れないようにします。
　誰にも学校時代の先生について，いい意味でも悪い意味でも記憶していることがあるものです。
　だから，この瞬間の子どもとの言動が，その子の生涯に残るシーンだと意識していきましょう。

●医療のようにしっかり見ていく

　決めつけ，先入観は厳禁です。
　見えていることは一部で，気付いていないことがあると認識しましょう。
　授業中の様子，放課中の様子，時々に見せる表情等をしっかり見逃さないようにとらえていきましょう。
　他の教師からどう見えるかを聞き，情報共有していきましょう。
　興味をもって子どもたちに働きかけ，言葉を引き出すアプローチが大切です。
　保護者との懇談から，家庭での様子を収集しましょう。

⑨ 見えているのは一部分だけだと認知する

　一般の人たちよりも，知識，情報，概念，考え方，発想，技能，経験，体力等が優れている人のことをプロと呼ぶことがあります。
　将棋，囲碁，アスリート，科学，芸能等，どの分野においてでも，プロがいますね。学校教育はどうでしょうか。教師のプロは何が違うのでしょうか。

子ども理解についてのプロ性

教師のプロ性は，特に子ども理解というところで見えてきます。

> 　子ども理解における教師のプロ性は，分からないことが多いと心から認識し堂々と，公言していくことができることです。
> 　分からないことがあると言えることが大切なのです。

　もし，「私，教師だからお子さんは○○という性格だと分かります。」と教師に断言されることがあると，保護者はどんな印象を受けるでしょうか。
　保護者からすれば，家での姿を見ていない。保護者よりもかかわっている時間が短い。たまたま先生の前でそういった姿を見せたのではないか等々，納得できないという思いが多々現れるのではないでしょうか。
　教師は，子どものことをすべて見抜いていると思うのではなく，
　「○○という側面が見えることはあります。他の面もあるのではないでしょうか。」

と，分からない面があるということを堂々と認識する必要があります。

> 　教師が見ている子どもの姿は，一部であるという認識が，子ども理解を深める有効な手立てです。
> 　分からないから，知りたい，分かりたいと興味・関心が喚起され，あらゆる手を打ち創意工夫をしていこうとするのです。

授業づくりについてのプロ性

> 　授業づくりは，料理と似ています。料理ではいかに食材の旨みを引き出すかが大切です。
> 　授業づくりにおいて，教師は「めざせ料理人」です。
> 　ある教材の旨みをいかに引き出すかが，授業者としての真髄です。

　教材をもとに学ばせるということは，教材のよさや美しさ，奥深さを味わわせるということです。教師自身が教材のよさや美しさ，奥深さを感じ取っていかなければなりません。

　子どもをもっと知りたい，教材の旨みを追究したいという受信力（受信スペック）です。

初心忘るべからず

　ベテランになってもいつまでも，教師に初めてなったときの緊張感は維持していく必要があると強く思います。子どもと話ができるだろうか，心がつながれるだろうか，どんな反応をするのだろうか，どんなことを期待されるのだろうか…。こんな純粋な思いを誰もが最初は心に抱いていたと思います。

不安をもつのでなく、これらの緊張感はいつでももち続けていくことが大事です。

学びを連続させる

子どもに学ばせるのが仕事ですが、実は教師自身も勉強をし続けていくことが必要です。臨床心理士等の専門的な立場から勉強をしていく必要もありますが、子どもから常に学んでいくことも重要です。子どもの成長にともなって変化する姿、社会の変化に伴う子どもへの影響の変化など様々なことについて、勉強していくことが大切です。

一部しか見えてない

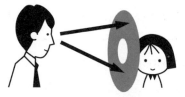
見てもなかなか見えない

どんな全容か、ぜひ見てみたい！

ポイント

● 誇りと謙虚さと志をしっかりともつ

子ども理解について，分からないことが多いという謙虚さをもち，それは頼りなさではないという誇りをしっかりもちましょう。
分からないことがあるということは，どの子どもにも誰にも分からない未知なる可能性があるということです。
子どもには大いなる可能性と伸びしろがあり，教師は子どものことをもっともっと知りたいという欲求を強くもつということが大切です。
人というものは，奥が限りなく深く，他者から見透かされるほど底の浅いものではないという，人に対する敬意をもちます。

● 人類の歴史とともに歩む文化という感覚

教科教育の素材の歴史は，人類の歴史と同等の価値があるものという認識をもち，授業において子どもたちに教材を通して文化の伝承をしていきます。
教科が学問として人類の進化のために必然性や価値があったことを授業で伝えます。

⑩ 「大丈夫だよ！」には，注意する

　昨今のいじめ報道によるといじめられている子どもは，教師とか親に「大丈夫。」と発しているケースもあるようです。
　ここに，着目すべき重要なポイントがあります。

> 「大丈夫！」と発する子どもの心理は，必ずしも「本当に問題ないよ。解決できてすっきりしたよ。安心してね。」という意味ではない

ということです。
　こんな場合もあるということです。

> 「かかわらないで。もっとつらくなるから。本当にしんどいんだから，そっとしておいて。」

　安心させる言葉ではなく，心を閉ざす言葉として，発することがあるということです。状況によって，「今，この子の気持ちはどちらかな？」と推察する感性を磨いていく必要があります。

実際の対応例

　いじめと思われることがありました。かなりキツイことを言われていることが分かってきました。そんなときの対応例です。

> 教師　　「いじめられていない？」
> 子ども　「大丈夫です。」

　「いじめられていない？」と聞いても，子どもに「大丈夫。」と言われました。「本当に大丈夫？」と聞いても，「大丈夫，大丈夫。」と返答してきます。
　このときに，「あんなことされていたら自分だったら相当つらいよな。」という感覚を教師自身が失わないようにしましょう。そんなときは，

> 教師　　「分かった，大丈夫なんだね。でも，先生はあなたが困ったら，いつでも助けるからね。頼ってね。」

　このように言って，しっかり見守っていくことが大事です。

> 教師　　「あんなことされたら，かなりダメージを受けてるよな。何かつらい思いがあるんだろうな。」

　子どもの言葉を信じないというわけではありません。「大丈夫！」という言葉の裏側につらい思いがあるかもしれないと受信する受信力（受信スペック）です。

子どものピンチのとき，教師の本質が求められる

　子どもの気持ちだけを考えるということは，不安定な場所で運動するようなもので，何を根拠に，そして何が正解なのか，考えれば考えるほど見えなくなるものです。
　しかし，子どものピンチのときこそ，教師の真価が問われるときです。
　ですから，思考するというより，感性を豊かにすることが大事です。

感性とは，教師自身がその子どもになりきってみる，自分の子ども時代に同じような境遇だったら，どう思ったのかなどを問うということです。
　教師はスーパースターである必要はなく，弱さが分かる人間である方が，大切です。子どもに潜んでいるダメージを感じとれるようにしましょう。

ポイント

●発する言葉と心にある思い

　一般的に「大丈夫！」と言う言葉は，「元気だよ。」と同じ意味です。
　確かに，その通りのこともあると思いますが，それだけで終わってはいけません。この言葉には深い意味があるのです。
　自分が大丈夫じゃないときには，次の２つの思いがあると思います。
　①「大丈夫じゃないから，助けて。」という気持ち。
　②「大丈夫じゃないから，今必死に闘っているんだよ。」という気持ち。
　「今，必死に闘っているんだよ。」という気持ちには，次の２種類があると思います。
　①「それで精一杯だからそこに入り込まないで。」という気持ち。
　②「心配かけたくないから，自分で何とかする。」という気持ち。

●言葉だけが気持ちを理解する方法ではない

　上記のように同じ言葉でも，多様な気持ちが根底にあります。
　この子どもに起きていること，もし自分が同じ立場だったらどんな思いか考えてみましょう。
　表情，前後の様子，家での様子等，多様なポイントから考えます。

人を好きになり人に興味をもつ

　教師は子どもだけを相手にする仕事ではありません。
　教師が教育活動でかかわる主体は，確かに子どもですが，教師は子どもとかかわるだけの仕事だという感覚からは脱却しましょう。子どもが育つ上での最大の場所は家庭です。その家庭と協働行動をとることが最重要です。そのためには，次の認識が重要です。

> 保護者は，子どもとともに教師がかかわる対象。

　教師が営む教育活動が，本当に充実した豊かな内容になるために，教師は子どもだけを相手にするという概念から脱却しましょう。
　保護者との積極的な意思や意見交流を行えば行うほどそれに比例して，学校の教育活動や子ども理解のステージアップにもつながると思います。

> 教師は積極的に保護者に連絡してかかわっていきましょう。

　保護者との絆は，子どもとの絆になります。
　また，教師の教育活動の充実のためには学校組織の中でのスタッフとの連携が必要です。
　さらに，教師個人にも，自分を育てた親や家族，ご近所の方，そして友人や知人等々のたくさんのおとながいます。子どもはいずれおとなになります。
　おとなになる前の子ども時代の人だけとうまくやれるのではなく，

> 子ども時代を卒業した人たちとも良好な関係性を築き上げる器の豊かさがあることが、本物教師への必要条件だと考えます。

　教師がいい家庭人となりホームベースを大事にすることが活力の源にもなります。
　一番の身近な身内の心をつかむ心得やアプローチ等が、おとなになる前の子どもへのかかわりのベースにもなります。

> 赤ちゃんや乳児、園児を除くすべての人が学校経験者です。

　赤ちゃんや乳児、園児以外は、すべて学校経験者だから、
「学校ってこういうところだよね。」
「教師とはこうあるべきでしょ。」
と、みんな自分の考えをもっています。

> 　人間ウォッチングを楽しみましょう。すべての人とそれなりの一定の関係性を保てる度量や誠意は、子どもと適切にかかわり、豊かな教育活動を営む上で、大変貴重な土台になります。

　人間ウォッチングを楽しみ、人への理解に努めるという受信力(受信スペック)です。

経営の根幹概念は顧客第一

「企業経営の根幹は顧客を大切に」と言われます。
　では、学校の顧客とは誰でしょうか？
　子どもですか？　いえいえ子どもだけではありません。

学校経験のあるすべてのおとなも顧客と言えます。おとなですから，すべての人には，「自分たちが学校にいたときは…。」という持論があります。皆さん「本当は学校って〇〇なところである！」という自分の哲学をもっています。

学校の顧客は，「国のおとなと現役の子どもたち」と考える

　そう考えると，学校の顧客数は多く，学校はメジャー企業といっても過言ではありません。
　すべての企業では顧客に関心をもちます。学校も顧客に関心を抱かなくてはなりません。つまり人を好きになるということなのです。

教師は，みんなに興味をもちます

ポイント

●人に教えるということは

　教師は教える仕事という概念が強すぎる場合があります。
　教える仕事という概念は，発信力（発信スペック）だけを強化します。
　このことだけを見ていると，本物の教師力とどんどん離れていきます。
　「あの先生に教えられた。あの先生から大変多くを学んだ。」というのは，子どもからすれば，あの先生に惹かれ心が寄っていったということです。
　教師からの発信ではなく，学習者の受信が大切なのです。
　だから人に教えるためには，まずはその人の心を惹きつけなければなりません。
　つまり，自らが人に興味関心をもたれるようにならなければなりません。

●すべての人間に興味をもつ

　好きな人に興味をもつことは，誰にでもできます。
　教師は人が好きでなければなりません。手がかかる子どもにも興味を抱いていきます。
　このことが，教師の基本的な仕事と言えます。

12 今この場をいろいろな人が見ているように感じる

　自分の学校での言動は常にいろいろな人が見ていると想定することが必要です。
　その状況で，見てる８割の人たちから，自分や学校としての言動や姿勢について，支持が得られるかを自問自答をしてみましょう。
　私たちは，自分の論理や教師サイドの論理で発言や発想をしたり，子どもや保護者等の言動を評価したりしがちです。
　もし，８割の支持を得られる自信がなかったら，じっくり考慮します。
　８割の支持が得られるだろうと想定できるなら，力強く進めていきます。

自分の言動を俯瞰的に見る

　自分だけの論理や教師サイドの論理から脱却するために，常時，次のような想定をしていきましょう。

・子どもを指導している教師である私の言動はどのように感じられているだろうか。
・保護者と面談している教師である私の応答や語りはどのように感じられているだろうか。
・職員会議や打合わせや協議など教師同士の会話はどのように感じられているだろうか。

今，自分がいるこの場面をドラマの一場面と仮定する

　テレビの学園ドラマに登場している教師として今TVで放映されていると仮定してみます。
　そのイメージを念頭に浮かべ，自分自身を俯瞰して見つめていき，自らをメタ認知します。
　こうしてメタ認知したとき，自分がドラマに登場している教師として，どう視聴者から見られているだろうか，教師としての私の言動は，どう評価されているのだろうか，このことを意識していくのです。

メタ認知して，判断と方向性を考える

- この瞬間に，教師としての私の発言に，視聴者の8割の支持が得られているだろうかと基準を設定します。
- このケースで，視聴者の8割の支持を得るためには，学校としてどんな対応や応答をしなければならないのだろうかと関係者同士で思案します。

　身内の論理や組織内論理を離れ，教師として社会から支持される高い志をもち，それを具現化していけるという，学校教育の使命を果たしていく資質をもち合わせたいものですね。学校の顧客である社会全体が，学校教育にどんなことを求めているかを受信する受信力（受信スペック）です。

敵のいない教師をめざす

それぞれの立場を理解することで敵はいなくなります。
教師は，テレビカメラを想定し，常に俯瞰して自分を見るようにします。

自分の傍に常に，テレビカメラがあるイメージです。
視聴者の8割の支持が得られるでしょうか？

ポイント

●心の余裕をつくる

常に冷静である必要があります。
もう1人の自分をいつも傍に置いておくイメージです。
俯瞰的に物事を見るためには，心の中に1割か2割のスペースを空けていきましょう。
テレビの視聴者になっている日頃の自分を思い出しましょう。
とにかく，クールダウンしましょう。

●自信をもって対応を考える

びくびく恐れる必要はありません。
恐れがあれば，逆に判断が鈍るか，ぶれて結論を出せません。
多面的に考えるという意味です。
目の前の相手に，どんなことがあったかを知ろうとすればいいのです。
自分が精一杯やっていることを，何ら否定する必要はありません。
自分に対する自信があれば，相手の心情を思いやることができます。
想像力を鍛えましょう。

13

１本の電話で，ピンチが一転する

　学校で起こる子どもたちのトラブルでよくある難しいケースです。
　ケガをさせた子どもの保護者に電話対応するときの，失敗を防ぐ方法です。
　１人の子どもがケガをしてしまいました。そこで病院で治療をしてもらいました。子ども同士の指導と謝罪はすんでいますが，ケガをさせた保護者に相手の保護者へ挨拶の電話連絡をしてもらいたい状況です。
　さて，このとき，どのような電話対応をすればいいでしょうか。
　ケガをさせた側の保護者が学校に対し苦情を言ったり「何で子どもの喧嘩に親が出ないといけないのか。」など，怒りを向け，以下のように言われるケースもあります。

> ・子ども同士のことに，なぜ親が出る必要がありますか。
> ・子どもに話を聞いたら，うちの子はいつも叩かれていると言っていますよ。

　そのうち，被害者側の保護者から，「先方から何の挨拶もないけど，学校はちゃんと相手の親に知らせているの？」とのクレームも出てくるかもしれません。
　こういった保護者の学校への不信，不満な言動が起こる原因は何でしょうか。

〈失敗の原因①〉　教師が，情報をすべて把握していると慢心すること。

〈失敗の原因②〉 教師が被害者サイドのみに立っていると印象付けていること。

真の受信力を発揮する対応

子ども自身が「教師に言えずとも親には言うかも？」という，豊かな構えをもち対応しましょう。

| 教師 | 「学校では〜という話が聞けたのですが，お母さんから聞いていただけませんか？ お母さんには言えることがあるかもしれません。」 |

| 教師 | 「トラブルがあり，○○さんはケガをしました。□□くんは大変気にされて，フォローして帰しましたが気になり，お電話しました。」 |
| 保護者 | 「あ〜そうですか。うちの子，とっくに遊びに行っています。大丈夫です。ところで相手のお子さんの具合はいかがですか。」 |

学校からの電話をドキッとしながら受けたら，わが子への心遣いがありひと安心。ホッとすると，先方の子どもを気遣うゆとりが生まれます。聞かれたら説明しましょう。

| 教師 | 「これからのお子さんたちの豊かな学校生活のためにも，親御さん同士，つながるためにお話されたらどうでしょう？」 |

うちの子を気遣ってくれているという心をつかむ，受信力（受信スペッ

ク）です。

断定的な発信では，ほぼ失敗する

　教師に言わなかったことを，家に帰ってから親に言うということはよくあります。それには，子どもなりの事情もあるのです。親子関係にも様々なケースがあり，子どもとしては自分が失敗したのだけれど，どうしても親と対峙するときは，子どもにしか分からない心の揺れがあります。

　教師としてはすべてを解明することはできませんし，十人十色の親子関係や家庭状況を把握できるわけではありません。例え理解していることがあったとしても，状況は刻々と変化もします。

　そんなすべてに対して対応する方法があります。

> 「学校ではお子さんは〇〇と言われました。お母さんからもどうだったのかお聞きください。もし，何かありましたら教えてください。」

　こうであれば，例え何か出てきても親和的な雰囲気の中で対話できるものです。

お宅のお子さん，〇〇さんをケガさせました。

お宅のお子さん，ケガをさせたことを気にしていたのですが，どうですか？

ポイント

●教師からの発信という意識はNG

　自分の言葉がどう伝わるとよいのかを意識します。
　ケガをさせた子どもの保護者に今日あったことを伝えなければという一生懸命さは危険な場合もあります。
　一方の子どもだけに非がある行為ならば分かりやすいのですが，多くの場合，どっちにも言い分がある場合が多いです。
　そんなときは，「この電話を受けたら，こちらの保護者にはどのように聞こえるのかな？」と，気遣っていきましょう。
　「先生はケガをした子の立場に立っていて，うちの子を悪く思っているよね。」と感じさせてしまいがちです。

●失敗したわが子を気遣ってくれていると感じさせるコツ

「相手の子がケガをしました。」
「友達をケガさせて気にしていました。」
この2つの表現では印象が全く違います。
保護者への電話は，お子さんが立ちゆくことを中心に話します。
わが子への気配りと保護者が感じる教師の言葉が大事です。
子ども自身は気にしていなくても，そこはクローズアップしましょう。

14 常に子どもを中心に置いているイメージで保護者と話す

　保護者と対話をするときは，教師と保護者の中心に，常に子どもを置いているイメージで話しましょう。
　このことは特に，子ども同士のトラブルが起きて，保護者と対話する必要が生まれたときに有効です。これは電話でも面談でも一緒です。

> 　教師と保護者の中心に，教師であれば児童生徒，保護者であればわが子がいることを想定して，話を展開すると，会話が建設的，親和的になり，絆を結ぶことができます。

これに対して，次のことはNGです。

> 　相手の子どもや保護者を中心に置いてしまったら，認識のズレが生じ，うまく協働することができず難しくなります。

　2人の子どもの言い分にズレがあったり，学校で子どもが話したことと，家に帰ってから親に話したことが違っていたりすることは，当たり前のようにあるという想定も必要です。

相手の子どもや保護者を中心に置いた発信

○○さんは，大変悲しんでいます。

○○さんのお母さんは，大変心配しています。

　この言葉を教師から聞いた保護者の心理はどのようなものでしょうか。現代のように多様性の時代に，納得する保護者もいるのですが，その後の学校と保護者の対話で厳しい言葉が出てくることもあります。

子ども本人を教師と保護者の中心に置いた場合の発信

お子さんに，○○さんが大変悲しんでいることを感じとらせることは，お子さんの内面に優しさを育てる機会となり，これから豊かな人生を築いていく上で，とても大事な機会になると思います。

お子さんは腹が立っていたのですね。○○さんのやったことが許せず仕返しをしたのですね。その結果，○○さんが傷ついたということを感じとることは，お子さんの今後のために，大変重要だと思います。

　常に保護者との対話の中心に子どもを置き，わが子の今後のためにという保護者の思いをきっちり受けとめていく受信力（受信スペック）です。

恐れをなくしていく

　学校と保護者は「協働の仲間」です。この概念を鮮明に描きましょう。
　このような関係であれば本来，保護者の皆さんとは敵対関係にならないということです。
　これを実現するために，保護者と親密に連絡を取り合っていきましょう。
　こちらから頻繁に発信していきましょう。ささいなことでも情報共有していくことを心がけたり，小さなことでも学校から相談を持ちかけたりしていくことが，最も有効な手段です。電話をかけると迷惑，面倒という思いを払拭できれば，親和的で安定的な信頼関係が成就します。

その保護者の子どもを中心に置きましょう

主役は相手の子どもにならないようにしましょう

ポイント

●学校と保護者は,志が同じ

　子どもに豊かな学校生活を送ってほしいという思いは教師も保護者も一緒です。
　ですから,常に学校と保護者は協働行動をとっていきましょう。
　いいことでも,失敗したことでも,ここから子どもが何を学べばよいかということを話題の中心点にしていくべきです。
　これがただの駄目出しにならないようにすることです。
　保護者から見て,失敗したわが子について,教師がこのことから〇〇を経験として学んでもらえることを期待しているという思いが伝わったら,嬉しい気持ちになると思います。

●どの子どもにも同じスタンスで

　加害者の立場,被害者の立場の子ども両方のために,この事案を乗り越えようという気持ちが大切です。
　起きたことは必然という意識をもちましょう。
　試練は乗り越えるためにあるものです。
　これが学びに向かうという姿勢にもつながります。
　こういう生き方,考え方を信念として,啓発していきたいものです。

15 ダメージへの共感が対応のスタートとなる

　いじめ問題の対応は、ダメージや重苦しい気持ちに寄り添う行動から始めます。

　いじめ問題とは、いじめとして表面化していないが、ダメージを受けている子どもがいるケースや、はっきりといじめが表面化しているケースの総称です。

　「いじめ」の第一報を受けたときの、問題解決のための2つの視点は以下になります。

①いじめている子どもの行為を止める。
②いじめられている子どものダメージに寄り添う。

①のアクションに傾倒しないように注意する

　いじめの行為がなくなれば、いじめ問題は解決したと言えるでしょうが、今日子どもの耐性はものすごく弱くなっています。このことを最大の問題と考えます。

②のアクションに総力を結集する

　学校は総力を結集し、何よりも優先して、いじめられている子どものダメ

ージの深刻さに，徹底的に寄り添いケアすることが大切です。

子どもを元気づける

「親や先生が私の苦しさを分かってくれて，共感してくれて，いろいろ慰めてくれたり，サポートしてくれるから，がんばれます。」

いじめ問題で苦しい立場にいる子どもについても同様にケアする

　苦しい気持ちを抱かされる子どもの立場には，次のようなことが考えられます。
　例えば，いじめられている友達から，「私つらい。」と訴えられて，「誰にも言わないでね。」と頼まれたと告白されるようなケースです。
　かなり可哀想に思うが自分1人ではどうしようもないというケースです。この場合も，つらい思いに寄り添うという意味で教師の対応は同じです。
　「友達から『つらい！』と告白されたけど，私1人ではどうしようもなかったです。だけど，親や先生が私の重苦しさを分かってくれてエールを贈ってくれるから，私は何とかがんばれます。」

学校と保護者で守る協働行動をとる

　いじめられている子どものダメージを癒すことで，学校と家庭での協働行動として保護者と話し合っていきます。
　いじめが発覚すると，保護者から学校へ苦情がくることが多いですが，その背景にある保護者の悲しみや怒りを察して対応します。
　そして，その上で，まずダメージに徹底的に寄り添い，少しずつ回復していくことを，学校と家庭での共通するベクトルにしていくように，努めなければいけません。

人間関係が希薄ならいじめは起こらない

　まとまって，協力して，一緒にという活動が多いところにいじめが起こる原因があります。人間関係が極めて希薄なつながりのない社会にはそのようないじめは起こりません。学級ではつながりを強めながら，いじめが起こっていないか注視していかなくてはなりません。

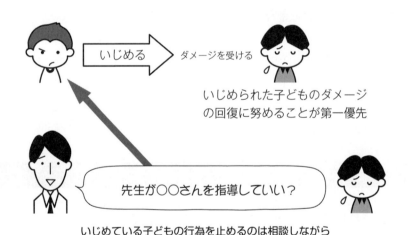

ポイント

● 見えるものだけに対応するのはNG

　教師は，いじめられているという相談があった場合，とにかくその行為を止めることを約束します。
　直接現場を見ることがあった場合もやはりすぐその行為を止めます。
　最大の使命は，子どもの命を絶対に守ることです。
　そのためにはどの子どもに着目するかを明確にし，いじめられている子どものダメージに寄り添い，ケアすることです。
　ダメージは見えません。見えるものだけに対応するのではなく，見えないものにもしっかり心を注ぎ，歩み寄らなければなりません。

● どれくらいつらいか感じとる力をもつ

　がんばれと言うだけではなく，どれくらい傷ついているかを自分の身に置き換えたり，自分の身内に置き換えてみたりして感じとっていかなくてはなりません。

16 常に問題の本質とは何かを見極める

　学校で問題が発生し解決を追究していくときの方向性です。
　子ども同士のトラブル，保護者からのクレーム，保護者への協力要請，教職員間の課題事項，担任としての子どもへの教育活動の工夫改善等，様々な課題が，学校教育では常に発生しています。
　人と人とがかかわるという営みが大切である学校教育では，発生した事案は，人の心の豊かさ，新鮮さ，誠意など，心の在り様などにもかかわっています。
　お互いが腑に落ちるところを協議したり意見を交流したりして納得や合意形成を図らなければなりません。
　そうすることは，大変時間がかかるとともに，負の心情が長く心に残るような場合もあり得ます。ですから，どんな事案に対しても，学校教育としての問題解決対応が必要となってきます。

問題解決対応力を身につける

　学校問題を解決していくときに必要なことは，一体，この問題の本質は何だろうと考える視点をもつことです。

　学校問題の中には，猛威を振るう暴風や豪雨のようなケースがあります。子どもや保護者の怒りであったり，ダメージの表出であったりします。そ

のようなことに遭遇するとどうしても教師の心は混乱してしまいます。しかし，その猛威の根幹に，問題の本質が潜んでいるのです。

　心が乱れると，適切な対応ができなくなり，焦りや動揺によって問題の本質を見極められず，二次的な問題を発生させ，より問題を複雑化していく場合もあります。

　では，問題の本質を見極めるにはどのようにしたらいいのか考えていきましょう。

　1つの学校問題を取り巻くものには以下の4つの要因があります。薄皮を一枚一枚はがすように取り除き，問題の核を浮き彫りにし，問題の本質を見極めることが大事です。

---

①今起きている現象
②かかわる人たちの心情
③取り組んできた経過・経緯
④予想される今後の展開

このためには次の対応をしましょう。

　どのようにすればよいかではなく，「何のためにやるのか」を考えます。
　要求への対処に奔走されず，その人の根底にどんな思いがあるのかを探ります。
　単に慣例的に対処するのではなく，どんな意味づけをしていくべきかを考えます。
　そのために，とにかく関係者（保護者，子ども，教職員等）から，話をじっくりじっくり聞き，問いかけ，思いを話してもらいます。
　スピード感をもって，電話などで，すぐ話をお聞きしたいという気持ちを伝えていきます。

見えているものを精査し，問題の奥に潜む見えないものをつかむ受信力（受信スペック）です。

すべての事案に，必ず問題の本質はある

学校問題が発生するということは，大きなダメージを受けることにもつながります。

事案によっては，子どもがダメージを受けたり，教師側にも大きなストレスが発生したりすることもあります。

また，打開案がなかなか見つからず，時間だけがどんどん消費されていくこともあります。それによって，ダメージが増えることにもなりかねません。

しかし，大きなダメージを負う場面であったとしても，すべての事案には問題の本質が必ずあります。その本質をつかむことで，原因になっていることに対するケアや今後のベクトルが見えてきます。そこから初めて解決策，解決案を考えることができます。

ぜひ，問題の多様な要素を整理して，奥底に潜む本質を追究しましょう。

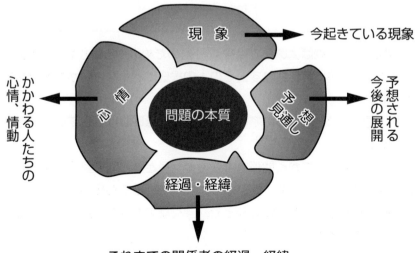

ポイント

●「意味づけ」が最も大事

　学校問題の対応を協議する場合，「どうやって行えばよいか」という，方法論の議論になりやすいです。
　その方法を議論する前に，「そもそも何のためにこれをやるのか」「なぜこのことが起きたのか？」という，問題や課題の中心点，本質を問うことが最も重要です。
　ここから，学校教育として何を学ばせていきたいかを明確にし，「意味づけ」を終始貫徹していきます。

●根底にある思いを追究すべき

　要求への対処に惑わされず，苦情や要求を発信する人の根底にはどのような思いがあるのかを冷静に探っていきます。
　そのためには，学校全体での組織的・体系的・複眼的なかかわりが求められていきます。
　「木を見て森を見る」「森を見て木を見る」のように，視点を柔軟にして対応します。
　本当は，その向こうにどんな思いがあるのか，これまでの経過経緯を踏まえて分析していきましょう。

17 問題要因の整理整頓や条件整理をする

4つの要素で構成される子どもの行動

①原因…○○されたから
②行為…叩いた
③結果…友達がケガをした
④背景…日頃から○○があった

　子どものとった行動を，原因，行為，結果，背景の4つの視点で分析して明確にし，子どもや保護者に問題を分かりやすく説明することが大事です。
　子ども同士のトラブルでは，当事者に不満が残る場合があります。
　こんなときは，子ども同士が冷静に状況を把握できず，感情的になりすぎて，自分の小窓から見た景色だけしか見えていないことが多いと思います。
　子どもへの対応や指導，保護者への説明には，次のような対応が有効です。

　4要素（①原因　②行為　③結果　④背景）は，トラブルを起こした子どもたちの心の中では混乱しています。
　そこでこの4要素について，スモールステップのアプローチで子どもたちの理解を進め，整理整頓していきます。

スモールステップのアプローチをする

　起きたことを交通整理し，自分のどこに課題があったのか，相手のどこに課題があったのかを理解させ，起きてしまったことを冷静につかませるためには，丁寧なアプローチが必要です。

---

①まずはしっかり事情を聞いて，原因，行為，結果，背景をきちんと明示していく。
②教師は，当事者とトラブルの相手の相互が1つ1つ合意形成をするように話をスモールステップにして確認をとっていき，自分たちの言葉や行動に対して，メタ認知させていく機会をつくる。
③この事案を通して，自分の行動と友達の行動を客観的に位置づけていき今後とるべき行動を明確に意識化をさせていく。

　これによって，子どもたちに今後どうしていけばよいかを学ばせることができます。
　また，子どもたちに，自分の目の前にある小窓から見た景色だけで判断や解釈するのではなく，別の小窓から景色をとらえるイメージを学習させることにもなります。
　この手法は，自分自身がかかわるトラブルだけでなく，学級の友達間で起きたトラブルや，社会の中で起こった問題などへの見方にも通じます。
　子どもたちからしっかり話を聞く機会であるとともに，子ども理解に努める機会でもあります。また，子どもたちには多様性を学ばせる機会でもあります。
　子どもたちにいろいろな小窓から景色を見ることを教えるために，今，子どもたちがどんな景色を見ているかを正確にとらえて，まだ見ていない小窓がどれなのかを把握する受信力（受信スペック）です。

教師は子どもの眼になる

　トラブルを起こした子どもの視野は狭くなっています。
　教師は，狭くなった視野を補うために，子どもの眼になる意識で子どもたちからの思いを受信していきましょう。

ポイント

●心の興奮を収める

　子ども同士のトラブルでは，お互いに心が動揺しています。
　冷静でなければ，適切な理解はできません。子どもの個性や特性によって異なりますが，まずはクールダウンをさせましょう。
　相手への確執が興奮のもとになっていることがあります。何より落ち着かせなければならないので，教師が冷静に子どもに合わせて言葉をかけ少しずつ安定させていきます。
　興奮を収めるということは，抑えるではなく，吐き出させることだととらえましょう。
　そのためには，子どもの言い分に乗っていくことが有効です。
　興奮している理由が子どもの身勝手な思いであったときは，落ち着かせた後に，そこを修正させていくことをめざします。まずは安定させることを最優先にします。

●学びに向かう姿勢

　トラブルをこれからの自分にとっての財産になる経験にしていくために，まずは整理整頓することが，自分の成長にもつながると意識させます。

18 新鮮な感覚で人と向かい合う

常に，新鮮な感覚で子どもや課題に向かい合いましょう。
これを言い換えれば下記の表現になります。

・先入観をもたない！
・過去を引きずらない！

これらによって，新しいチャンスを生み出すということです。

今日のこの瞬間の出会いを楽しみにする

　新しい出会いだと思えば，改めて，いろいろなことを知りたくなります。人に興味を抱いていくことで，自分の中にその人に対する新しい気持ちがわき起こります。

　これまでにあった事案を消去するわけではありません。過去の事実は事実として受けとめた上で，その子どもやその人に対するイメージは固定しないということです。
　そうでないと，過去についた「彼は乱暴だ。」「あの子は気が弱い子だ。」「その子どもは生意気だ。」などのイメージをいつまでも引きずってしまいます。

昨日までのステージを卒業する

　子どもも変わろうとしているのではないかなと想像してみます。子どもの可能性の芽を摘まないために，教師は，その子の過去の失敗の印象を引きずらないことです。思考が停止してしまいます。

・子どもや保護者や教職員スタッフに対しては，新たな出会いのように，常に新鮮な感覚でかかわっていくことです。
・教育課題の事案については，新たなステージを創り出していこうということです。これまで取り組みに慣れていて困っていなくても，新たな手を講じるということです。

子どもを見る眼

　この子どもは，これまでの子どもではないと思うことです。子どもを，今この瞬間，新鮮な眼差しでよく見るということです。自分も新鮮になり，昨日までの私が見るのではなく，新しい私がこの子どもを見るということなのです。

　日々新たな気持ちで子どもたちと応対するということです。

教育課題の事案

　慣例的な教育活動の中には，いつしか学校文化になっているものがあります。教育諸課題について，このままでいいのか，世の中の流れに対応しているのか，常に新鮮な感覚で問い直すことも必要です。いつしか思考停止状態にならないように。

自らの志や眼の鮮度を高め，子どもや保護者等，または教育課題について，視界に入っていないことがないかを受けとめる受信力（受信スペック）です。

常に新鮮な目で見る

　学校は稽古場。何度失敗してもやり直していけばいいところです。
　将来，社会に出て自立したり，人の役に立てる人になればいいのです。そのためには，過去の出来事で抱いたイメージに固執したり，とらわれすぎたりしないことが大切です。
　それは，過ぎたことを忘れてしまうという意味ではありません。ちゃんと記憶に留めることは必要です。ただ，子どもはこれからのために今を生きています。
　そのためには，リベンジや新たなチャレンジのチャンスが常にあることを体感させていくべきです。「先生は過去のことをずっと思っている。」と，もしも子どもに感じさせるならば，そのようなチャンスは訪れないのではないでしょうか。「やっぱり俺は駄目な人間だ。」という方向に向かわせていくことになるかもしれません。反対に「あれ，先生は自分のことを新しく見てくれている。」と感じさせることができれば，子どもに勇気と希望をもたせることにつながると思います。
　常に，意図的に過去のイメージを捨てて新鮮な目で見ることも，真の受信力です。

過去のイメージを捨てて新鮮な目で見る

今初めて会ったように

ポイント

●教師は常に新鮮な目で見る

　ベテランでも新鮮な眼で人を受け入れるということです。
　これまでの印象やイメージはできるだけ払拭しましょう。
　決めつけ，先入観があると，子どもが変わろうとしていることを感知できなくなってしまいます。
　子どもはどんどん進化，成長していることを認識しましょう。
　子どもの小さな変容を見逃さないというレーダー，教師の見る目を鍛えましょう。

●学校の習慣を見直す

　学校行事や慣例的な企画を，何のためにやるのか，どんな意味があるのか問い直してみましょう。
　当時は意味があったことでも，今のこの時期にはどんな意味合いがあるのだろうかと問い直しましょう。
　刻々と社会情勢が変わることに伴い，子どもの生活環境や身の回りにある物事も大きく変化していきます。
　それに柔軟に対応する学校教育の能力が問われます。

19 もう大丈夫でなく，まだまだと考える

120%準備とは

　120%準備，これは，平時に様々な有事を考慮して自分に何ができるか想定していくことです。

> 「今ここで〜が起きたらどうする？」と平時の今，問いましょう。

　緊急時や非常時への対応や重大な企画・事案への対応には，準備のし過ぎということはありません。体力面ではなくて，判断や決断などの知力の面で，対処の仕方，対処の視点については，むしろ準備が足りなかった，想定できていなかったということが多くあります。
　こうしたことへの対処として，「120%準備」を提唱します。

平時に，危機的な状況を想定しておく

　平時に，以下のように危機的な状況を想定しておくことが大切です。

> 「もし，ここで地震が起きたら，私は何ができるのだろうか？　何と何をしなければならないだろうか？」

遠い地域で起きた事故や事件の報道のとき，このことが自分の学校で起きた場合は…と想定します。
　「何をすべきだろうか。どうなっていくかな。何をすればいいのかな。」

　校外学習のとき地下鉄で移動しました。到着駅で降りて点呼したら，1人の子どもがいません。電車から降りられなかったようです。「さあどうする？」

　登校中に自動車事故で子どもが何人か大ケガをした模様です。そんな一報が地域の人から入ってきました。あなたはどうしますか？

　授業中に大地震が発生しました。教室はパニックです。日頃の避難訓練では，この後放送が入って運動場に避難していましたが，この瞬間は，どうしたらいいと思いますか？

　水泳学習をしていました。「あれっ？　○○さんの様子が変です。あっ！どうも溺れているようだ！」気が付いているのは私だけ。この瞬間どうすればいいですか？

頭の中で実際にどうすればよいか考える

　緊急時の対応は想定以上に大変です。
　この大変さを受信し，平時を100％に留めず，平時に120％という意識をもちましょう。120％というのは，とりあえずこれだけ考えてみんなに周知しておけば，本番が来ても何とかなるだろうなという数値です。

学校の避難訓練等も見直す機会にする

　有事をしっかり想定しておくと，その準備としての避難訓練は適切だろうかとも考えることができます。有事における緊急対応は，マニュアルがすべてではないです。手順通りであることが大事ではなく，みんなが本番を自分の頭の中で実演してみることが大切です。情報収集したりあれこれと対応を想定したりすることは，正しい受信力（受信スペック）です。こういう平時の危機管理が，災害の回避につながるかもしれません。

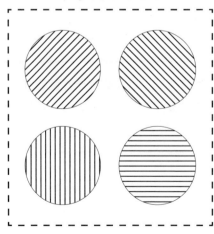

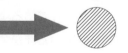

有事にできることは
たったこれだけです！

頭の中は真っ白になり，
平時でやれることが，
ぶっ飛んでしまいます。

ポイント

●有事にできることは平時の何％？

　有事にできることの正解は，なかなか見えてきません。
　ニュースを傍観者や評論家の立ち位置で見ていても何も得られません。当事者意識をもって見ていきましょう。
　遠い地域で起きたことや，実際に今緊急時でないことに対しては，気持ちに圧倒的にゆとりがあります。
　このような状況で，対応策は見えるでしょうか？
　現実を詳しく想像しても，何をすべきかという具体はなかなか見えてきません。
　平時であっても，意外に見つけられないことに気付きます。
　本番であれば，さらにパニックになっています。担任や管理職等，自分の立場で平時も緊急時の120％の準備をする心づもりでいましょう。

●平時にがんばった方が，有事に苦しむより楽

　有事の際は頭が真っ白になって「どうしよう，どうしよう。」という気持ちでいっぱいいっぱいになります。ですから，平時に考えても対処法が浮かばなければ，本番では何もでてきません。
　それほど緊急時の対応は難しいのです。
　平時であれば，ゆったり考え，情報も集められます。

⑳ 情報は求める人だけに集まる

情報は集まる人と集まらない人に分かれる

情報は求める人のところに集まります。心を開き，出会いを豊かにして，学校に新風を吹き込みましょう。

　情報は生きています。情報を必要としている人と，特に必要と思っていない人とでは，キャッチの仕方や具合は違ってきます。
　とかく，学校は閉鎖的と言われます。
　確かに，1日の大半を子どもたちと向き合い，教科書の活用や教育課程推進，子どもたちの指導のみをしていると，社会情勢や世間の一般の感覚とは距離が生まれてくることもあります。しかし，本来教師は情報通になるべきです。
　将来自立した社会人として豊かに生きるための土台づくりをしているのが子ども時代です。
　子どもが生きる未来は，教師の体験が通用しないものになっていきます。
　そういう意味では，教師は，未来に生きる子どもたちと豊かなかかわりをもつためにも常に新しい情報，新たな感覚をもち合わせる柔軟性が必要です。
　では，新たな情報や新たな感覚，さらには豊かな見識を，常時に獲得できるようにするためには，どんな姿勢であるとよいのでしょうか。

情報を求める姿勢

> 友人や知人等，関係者によく相談する。

　個人情報保護の配慮もしながらになりますが，直近課題について，「今，こういうことが課題なのだけど何かいい知恵ないかな？」と相談できる，仲間がいないか探りましょう。

> 本屋をフラッと歩いてみたり，新聞・雑誌・ネットを見たりして，その課題にかかわることがあるかどうか，探ってみましょう。

　「何かないかなあ。」とフラッと本屋を歩くと，「あっ！」と関係のある本が眼に入ることがあります。新聞や雑誌やネットでも何かヒットするかもしれません。

> 出会った専門の人と会話し，しっかりと問いかけ，専門の人のお話の中で，刺激を受ける話題があるかどうか探りましょう。

　重要な発言があっても，聞く側の受信力が不足することによって，逃してしまうのは大変もったいないですね。感性を豊かにして，しっかり話を受けとめましょう。

> 学校に，学生やおとなの各種ボランティア集団を受け入れましょう。

　志のある方には誰でも学校へ入ってもらい，教師の発想やとらえ方を柔軟にしたり，別視点からとらえなおしたりして，心を開いていきましょう。学

校外の情報や知恵，価値観，視点を獲得する受信力（受信スペック）です。

子ども理解も同じ。求める人のところへ入っていく

　子どもの情報も求める教師のところへ，どんどん入ってきます。これはもう見ている，知っていると思い込んでいる教師のところへは入ってこないのです。貴重な情報が近くにあっても，受け手が気付かないのです。

情報は全体像の重要な要素と考える

　１つだけの情報で真相解明をすることは危険です。ボランティアの方が「ちょっと○○が気になりました。」と言ったとしてもそれがすべてだというわけではありません。

　１つ１つの情報はパズルのピースですから，もっとピースを集めたいです。いろいろなピースが集まってきて，全体像が見えてきます。パズルのピースを集めるというイメージの受信力（受信スペック）です。

情報を求める教師

情報の連鎖，情報が情報を呼び込んできます

ポイント

●開かれた学校と閉じた学校

　不審者対策もあり子どもたちの在校時，学校の門は閉ざされています。
　門を閉めることは安全対策の一環ですが，それと連動するかのように学校は閉じた空間になっていると思います。
　開かれた学校の意味は大きいです。
　学校教育を教師だけで考えるのではなく，広く参考になる意見を聞き入れるということです。

●情報収集はつながっていく

　情報は1つに留まりません。1つの情報が次の情報を呼びます。
　1つの情報がつながっていくのです。
　「Aさんが〜と言っておられました。」という情報を聞くと，次の情報を得るために，Aさんから詳しく聞きたいということになります。
　「それについては，Bさんが専門ですよ。」と1人のアドバイザーから話を聞くと，今後はBさんに尋ねたくなります。
　情報は駅伝のように，確実に新たな情報を呼び込みつながっていくのです。

㉑ 行動療法は自動販売機をイメージする

行動療法とは

　行動療法とは，子どもの問題行動自体に着目して，それを改善していくサポートや方策を模索していく療法です。

"好子" そのための重要な働きかけ

　"好子"とは，心理学において行動を強化する因子（強化子）です。

　人には固有の"好子"があり，行動後にほめられると大変うれしく，もう一度行動したいと感じるものです。この場合ほめることが"好子"です。
　心からこの人が喜んでくれたということが，子どもたち自身にも伝わることが大事です。

行動療法のイメージは自動販売機

　街にある自動販売機の電気が消えていれば，人は当然のことですが誰も寄

り付きません。電気がついているから，顧客は自動販売機に寄っていくのです。

> 自動販売機を教師，顧客を子どもに例えると…
> ①電気がついている自動販売機に寄る。
> ②商品を選択しコインを入れる。──→これが行動
> ③そして希望の商品が出てくる。──→これが"好子"
> ④喜んで味わう。──→やってよかった。またやってみようと思う。

これが行動療法のイメージです。

行動療法と学校教育の相関性

> 自動販売機の電気がついている状態を，分かりやすいように教師が演出することが大事です。

子どもが教師に，「やさしそう！」「おもしろそう！」「頼りになりそう！」と，親近感や魅力を感じることが大事です。教師は，子どもにとって輝く太陽のようでありたいものです。

> 行動を命令するのではなく，子どもたちが自らのめあてを設定し，自らの意思で行動する機会をつくりましょう。
> 「思考」を「思わず考える」ととらえます。つまり「考えなさい」という命令ではなく，情動をゆさぶり必然性を生み，自ら動き出すように設定しましょう。

イルカは"好子"を求めている

　イルカショーのイルカは，飼育係に餌をもらい，ハグをしてもらったり，なでてもらったりして喜んでいます。このハグをしてもらうことや，なでてもらったりすることが，イルカにとっては"好子"なのです。
　それが嬉しくて，またジャンプしているように見えます。

教師も"好子"を子どもたちに与えていきましょう。

　"好子"は子どもによって異なります。行動の具合によって調整していきます。
　ある行動があり，その行動の直後に提示されることで，その行動の生起頻度が増える。逆に好ましくない行動については，"好子"の提示を中止するか，減少させることによって，好ましくない行動の生起頻度を減少させることができます。
　子どもの情動がどんなことで動くかをつかみ，行動後，どんな"好子"で喜ぶかをつかむ受信力（受信スペック）です。

自動販売機のイメージをもとに　　イルカは喜んでまたジャンプをしに行く

ポイント

●教師は幅を広げる

　教師は，新卒以来，教師力＝生活指導力とイメージしがちです。
　生活指導力とは，教室や学年または全校児童生徒たちへの集団統率と子どもの問題行動を指導する力です。
　しかし，これからの学校教育で教師として，すべての子どもたちに適正な対応するためには，生活指導力だけでは対応できない子どもたちが出てきます。
　教師としての幅を広げて，豊かな教育力を育んでいく必要があります。
　このことには，教師としての経験が必要です。どんな子どもたちと出会うのかによって経験は変わってきます。
　生活指導だけで通じる子どもたちだけと出会っているときは，幅を広げる必要性を全く感じないかもしれません。
　教師は子どもから学びます。この子どもが何を求めているのか，どんな気持ちなのかを探っていきましょう。
　子どもの行動をじっくり分析してみましょう。じっくり見る時間はなかなかとれないですが，先入観なしで純粋に行動を見ていくことが大事です。

㉒ 報連相だけでは栄養不足と考える

報連相＝ほうれん草は基本形

　報告，連絡，相談，つまり報連相（ほうれん草）は，学校組織における教職員間の円滑なコミュニケーションの基本形です。

　報連相は同僚に対して，学年主任，教務主任に対して，そして管理職（校長，教頭）に対して，必ず実践してもらいたいことです。
　報連相は誰のために必要か，それは報連相をする本人のためです。
　学校教育には常に結果責任が求められます。
　自分の実践は是なのか非なのかの結果としてどう問われるかということを考え，事前に学年主任や教務主任，そして管理職へ報連相である協議や打診，決済，意見等をいただいていれば，学校としての責任で行った実践ですから，個人が責められることもありません。同時に，学校からの全面的なサポートを受ける状況をつくることにもなります。
　ぜひ，自分のために，豊かな報連相を実行してください。
　ただ，報連相は大変大切でありますが，それだけでは十分ではありません。

行動の後に必要なこと＝「返し」

報連相をして，行動した後に，「返し」を必ずしてください。
報連相＋行動＋「返し」で，実践が完了です。

● 「返し」の具体例
　①先ほどの件ですが，○○という反応でした。うまくいったと思います。
　②その後，お子さんは○○さんと仲良く遊んでいます。
　「返し」は，①のように報連相をした学校のスタッフに対して行うだけでなく，②のように保護者に対しても必要なことです。

「返し」の成果

　「返し」は，学年主任や教務主任，そして管理職を安心させたり，今後を協議したりする上で重要であるとともに，保護者に対しても信頼関係をつくる上で，大変重要です。

　特に，保護者に対しての「返し」は，「その後も先生はうちの子どものことを気遣ってくれていたんだ。『返し』があって，安心できた。ありがとう。」などのように，お礼や感謝につながります。
　「返し」とは，管理職や教務主任や学年主任等，そして保護者の心をググッと受信していくためのステップなのです。

「返し」は発信であり相手の心配や不安の受信でもある

①担任→相談した学年主任や教務主任，または教頭，保護者
②教務主任→相談した校長や教頭

　こういう行動が常時できる教師は，子どもたちからも信頼を得られます。
「返し」は，時として子どもにもしていきましょう。
　トラブルがあった後，失敗があった後の，子どもの不安な状況では，適度に「返し」があると有効です。
　「その後はどう？　困っていない？」の語りかけが，子どもへの「返し」なのです。
　相手の不安を受けとめる受信力（受信スペック）です。

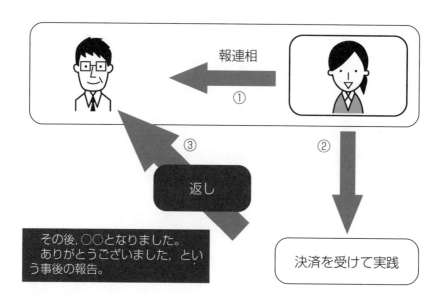

ポイント

● 「返し」がないと，心配を残す

・あのことは，結局どうなったのだろう？
・うまくいったのかな，やっぱり難しかったのかな？
・ひょっとして，まだやっていないのかな？
・忘れてしまっているのかな。
　こんな心配を，相談した相手に感じさせるのはよくないです。
　人とのかかわりが教師の生業なので，早く「返し」をしないといけない，心配かけては申し訳ないという，心遣いが必要です。

● 「返し」は信頼を得る一番の近道

　子ども同士のトラブルがありました。指導をして落ち着いた後，「返し」の連絡を保護者にします。
　「ご心配おかけしましたが，その後学校で2人は楽しく遊んでいます。」
　この1本の連絡で，「先生は，ちゃんとその後も気遣ってくれているんだ。ありがたいです。」と保護者からの信頼が得られます。
　「返し」は，おとな同士のコミュニケーションの最後の締めです。
　「返し」がないと，一段落できず中途半端になります。

23 自分からでなく相手から喋ってもらう

自分の発信はグッとこらえる

> まずは、相手の人に喋ってもらいましょう。
> 相手が語りやすい問いやタイミングを研究しましょう。

・教育相談や生活指導において、子どもと面談するとき。
・保護者から相談や苦情を受けたときや個人懇談会において面談するとき。
・教職員から意見や相談を受けて、面談や協議するとき。
・地域の人から訴えを受けて、面談するとき。

　これらのように様々な人と話す機会がありますが、面談の始めが険悪な雰囲気から始まることが多々あります。充実した内容の面談ができ、相手もかなり満足して、面談してよかったと感じてもらうことをめざしたいものです。

　こういった面談は、自分も発信したいことがありますが、これらのいずれの場合においても、共通して実践すべき絶対失敗しない黄金律があります。

> 自分をグッとこらえて、まずは相手に喋ってもらいましょう。

　自分が発信する言葉を、相手の心にきちんと届かせるために、相手の心の

的のど真ん中に適中させるために，まず相手に喋ってもらう必要があります。

〈子どもとの面談例〉
【問いかけ1】　さっきの○○について，どういう気持ちだったの？
【問いかけ2】　まずは，あなたが今どんな思いなのか教えてね。きっと言いたいことがあるんじゃない？
【問いかけ3】　何かあったの？　何でも聞くよ，話してみて。あなたの思いを先生は知りたいな。

〈保護者や地域の方との面談例〉
【問いかけ4】　ご迷惑をおかけしたようですね。申し訳ありません。どうぞお話をお聞かせください。
【問いかけ5】　あれっ，何かありましたか？　お役に立ちたいと思いますので，お聞かせください。お願いします。

〈教職員との面談例〉
【問いかけ6】　最近，何か困っていることない？
【問いかけ7】　はい，どうしたの？　何でも聞くよ，どうぞ話して。
【問いかけ8】　○○について，どう思う？　思いを聞かせて。

　イメージはダーツです。的がハッキリしていなければ，正確な投げはできません。そのためには，相手に喋ってもらって，的を浮き上がらせ，明確にすることです。
　的確な発信スペックを発揮させるための，受信力（受信スペック）です。

「教師は教える人，正確な答えを発信する人」というイメージを払拭する

　教師は正確な答えを分かりやすく伝えなければいけないと思い込みがちです。このことにより，子どもや保護者との間で「私の言いたかったことはそういうことではなかった。」等のズレが生まれ，新たな問題が発生することがあります。

　「教師は教える人，正確な答えを発信する人」というイメージを払拭しなければならないのです。

より正確な答えを発信するために，受信する

　受信は目標ではありません，手段です。

　自分の感覚，認識だけでは，正確な答えを求めることができないという認識が重要なのです。自分の感覚，認識をより豊かに磨くために，より正確な答えを見逃さないために，受信力（受信スペック）を活用しましょう。

相手からの申し出

自分からの申し出

打合せ，会議

人が対話する様々な機会

まずは先にどうぞ。
思いをお話しください。

はい。

まずは受信しましょう

ポイント

●的を明らかにする

　ダーツゲームでは的が鮮明になっていることが大事です。
　しかし，日常生活における人の営みの中では的は見えません。
　時に自分で勝手にあそこに的があるのだと決めつけることがあります。
　また時には，相手がここに的があるのだと思い込んでいる場合もあります。
　これによって，お互いの認識にズレが生じ，人間関係が難しくなることがあります。
　人はコミュニケーションを大事にし，きちんと意思の疎通を図り，円満な人間関係を築いていきたいと考えています。
　しかし，コミュニケーションがお互いに発信ばかりでは，残念なことに，うまく意志の疎通ができないことがあります。
　そこで，まずは受信をしましょう。コミュニケーションの第一歩は，相手の話をちゃんと聞くことからです。

・まず，どうぞお話しください。
・どんなご用件ですか。
・あなたはどう思われていますか。
・どうぞお聞かせください。

　相手に最初に発信してもらってから，必要に応じ，2番発信，3番発信を引き出していきます。

24 当事者の目から第三者の目に転換する

> 木を見て森を見る。これによって意味づけができる

　まず，渦中から自分を脱却させて，周囲から見る席にうつりましょう。
　渦中の人は，問題や課題のど真ん中にいるので，一部分を詳しくとらえることはできますが，全体を見失うことになりかねません。有名な３つの眼があります。

①虫の眼…課題に直面し，狭く深くかかわる。
②鳥の眼…高いところから全体像，全容を把握する。
③魚の眼…物事の経過・経緯を見定める。
　渦中の人＝①虫の眼　　周囲の人＝②鳥の眼　③魚の眼

　学校組織において，教職員全体で，学校行事，緊急時対応，子どもへの指導対応，各種企画等について協議するときに，次のようなことがありませんか。

「どうやっていけばよいか」「どのようにするか」「こういうやり方はよくない」というような，方法論の議論に終始してしまう。

　学級担任や校務分掌担当の方は，問題に直面していますので，近視眼的に

課題をとらえることになりますから，いわゆる虫の眼になりやすいです。

> 大切なことは，「どのようにやるか」ではなく，「何のためにやるか」「何をめざすのか」という意味づけをしっかりすることです。

意味づけが最重要である

　全体像をとらえ，これまでの流れと，そしてこのことから子どもに何を学ばせていくかを考えることが大事です。それが「意味づけ」です。

> 「意味づけ」の根底にある発想は，第一優先主義です。
> 第一に優先することとは，この事案の何かを考えます。
> それを具現化するために，何が何でも最優先に考え，時によっては，第二優先となるものをカットしていく覚悟も必要であるということです。

　学校教育として，教育課程の推進や各種企画や学校行事等の意味づけを，子どもや保護者にも浸透させていくことを使命であるととらえていきたいものです。
　日々の実践を通して，じわじわと周知されていくことをめざします。
　そのためには，教師としていつでも子どもや保護者からの問い合わせがあったとき，自分の言葉で語れるように，意味づけを自分のものにしていくように努めていきましょう。
　周辺情報やこれまでの変容を受信し，意味づけを明確にしていく受信力（受信スペック）です。

新鮮な眼差しを大切にする

　子どもたちにとっては今だけが本番なのではなく，あくまでもこれからの未来が本番で，今はその基盤づくりをする段階なのです。また，子どもたちには眼に見えないことがある場合もあります。
　そのようなことを踏まえた上で新鮮な眼差しでいることが大切なのです。

森を見て木を見る

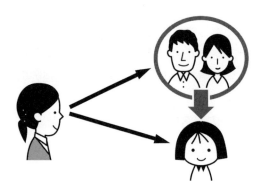

多面的に見る

ポイント

●教師は余分な力を抜く

　スポーツをするときに，力みがありすぎると動きがスムーズでなくなるだけでなく，逆に力が発揮できないとも言われます。
　教育活動も心にゆとりをもつことが，自分の力を発揮する最大のポイントです。
　子どもを見るとき，冷静な穏やかな心で見ることが，自分の教師力を発揮する必要条件なのです。

●多面的な見方を試みる

　問題行動がある子どもを観察するときには，多面的な見方が大切です。
　子ども自身がどう見えるかとともに，周りの子どもたちの気持ちを考えてみましょう。
　周りの子どもたちは，その子のことをどう見ているのかを考えるのです。
・この子から見たら，どう見えているのだろう。
・こっちの子から見たら，どう見えているのだろうか。
・本人は，周囲の友達からどう見えていると感じているのか。

　こうした多面的な見方が，第三者の視点からの見方です。

㉕ 開かれた学校にする

　"開かれた学校"とは，教師集団が心を開くことで実現します。
　教師集団が心を開くとは，自分たちだけの身内の論理から脱却し，多面的・多角的な視点を受け入れ，異なる立場の人たちの見方や考え方や感じ方に興味を抱き，受け入れていこうというものです。

> ・自分たちは一生懸命に見ているつもりでも，異なる立場から見れば，まだまだ見えていないものがたくさんあるのではないか。
> ・同じものを見ていても，とらえ方が異なるのではないか。

という認識が大事です。
　逆に，自分たちの見方がすべてだというとらえ方では，閉鎖的になり，自分の見えているもの＝他の人にも見えているものというように勘違いしてとらえてしまいます。
　実は，そうではないことが当たり前と認識していきましょう。
　そして，教師以外の人が授業をすることも，推進していきましょう。

> ・学生ボランティア
> ・学区連絡協議会の方
> ・読み聞かせボランティア（保護者，地域の方，民間企業の有志等）
> ・派遣ボランティア（ディスレクシア協会など）
> ・卒業生の有志

> ・幼稚園・保育園・小学校＆中学校等の異校種関係者
> ・スポーツクラブチーム関係者
> ・教育委員会指導主事

など，各方面の方々に声をかけましょう。
　これらの皆さんには，読み聞かせや特別活動，学校行事の参観，授業で学習が遅れがちな子どもの対応，配慮を要する子どものサポート等，各方面において，サポートをしていただきます。
　活動後，教師と違った立場の外部講師，サポーターの皆さんから見た，子どもたちの様子や学校の雰囲気，学級経営や学校経営の方針などについて，所見や感想を聞かせてもらいましょう。また，学校関係者以外の皆さんとの対話を大事にしましょう。

> 　この業界は学校関係者以外に話し相手がいないということがあります。学校関係者以外の人との交流を大事にしましょう。
> 　世の中のすべての人は学校に関係しています。みんな学校や教師へのイメージをもっています。
> 　世の中の人が，どう学校を見ているのかに興味をもっていきましょう。

　組織内論理，身内の論理，教師の論理だけに偏らないように，学校教育の外部の方々の見解や価値観，見方を受信して，豊かな教師力を獲得する受信力（受信スペック）です。

同業者でない人に聞いていく

　同業者とだけと教育を語るのではなく，他業種の人たちとの交流の機会を積極的につくり，学校教育の在り方について，意見交流ができると視野が広がり，大変に勉強になります。教師集団が気付いていないことを感じられた

り，学校の対応に感想を述べてもらったりすることで，学校教育が活力を得られると実感しています。

> 「今学校で○○があるのだけど，どう思う？」
> 「私，学校の先生じゃないから，分からないよ。」
> 「いやいや，教師でないから聞いているんだよ。」

こうして，情報は求める人のところへ集まってきて，求める情報がある場所にまた新たな人を招くという連鎖で，志のある人々にどんどん来校してもらえます。

同じものを見ても見るところが異なる

ポイント

●力を足してもらう

　教師として子どもたちを育てるということには，至高の誇りと自信を抱いてください。
　偉大なる包容力も教師として大切です。
　学校外の人から見ると，学校や子どもたちの景色がどのように見えるのかを聞かせてもらえることを，楽しみにしていきましょう。
　それぞれの立場にある学校外の皆さんと教師では視点が異なります。このことは大変面白いことです。
　皆さんがどんな視点をもっているか，人とかかわることが生業である教師として，大変興味深く吸収していきましょう。

●視野を広げることで教師力が増幅される

　パズルのピースをつなぐように，外部の人々の意見を集めます。
　これによって見えなかった大きな絵が見えてくるようになります。
　柔軟に多様な考えを受け入れることは，今後の自分のためにもなります。
　ますます子どもが多様化する時代の教師としての対応力にもなります。

26 アナログ対応とデジタル対応を使い分ける

発達特性のある子どもたちへ対応する

　発達特性のある子どもの対応はどうしたらいいか，学校現場では考えることと思います。

> 　アナログ対応とデジタル対応の両方を学び，適切な対応に努めましょう。

アナログ対応かデジタル対応のどちらがいいのか

> 　運動場でみんながフラフープで遊んでいると，Aさんが，トラブルを起こしました。
> 　Aさんが1人の女の子の顔を蹴りました。
> 　女の子は大泣きし騒ぎになりました。Aさんは興奮しています。
> 　連絡を受けた先生が駆けつけました。

　皆さんならどう対応しますか。
　このような場合，どう対応していくのがよいのでしょうか。

●原因と行為と結果をつなげて問うアナログ対応
　　教師　「あなたはどうしたの？」
　　子ども「向こうが悪口を言ってきて，ぶつかってきたもん！」
　　教師　「いくら相手が悪口を言ってきたりぶつかってきたりしたって，顔を蹴るなんてダメです。大ケガするよ。言葉で注意すればいいでしょ。」
　　子ども「向こうが悪口を言ってきて，ぶつかってきたもん！」
　　教師が何を言っても，この繰り返しです。
　　興奮はおさまりません。保護者へ連絡したところ，「先生は息子の言い分をちゃんと聞いてくれていますか？　ケガさせたことは悪いけど，うちの子にはそれなりの理由があるんです。」と母親も興奮気味でした。

●原因と行為と結果を分離して問うデジタル対応
　　教師　「どうして怒ったの？」
　　子ども「向こうが悪口を言ってきて，ぶつかってきたもん！」
　　教師　「そうか〜。そんなことがあったのか。それは嫌だったね。」
　　子ども「うん。」
　　教師　「ところで，どうしてあの子は泣いているの？」
　　子ども「僕が蹴ったから。」
　　教師　「そうか。それは痛かっただろうね。どうしたらいい？」
　　子ども「謝る。」

　　デジタル対応とは原因と行為と結果をつなげず，分離して問う対応です。
　　信号のイメージで青→黄→赤と１コマずつ分けて展開すると子どもの思考がついてきます。発達特性のある子どもを理解するという受信力（受信スペック）です。

子どもはどんな景色を見ているか考える

　発達特性のある子どもたちは，どんな景色を見ているのでしょう。
　山道で迷い込んで，さまよっていてどこに向かったらいいのか分からないし，道なき道を歩いて行く自信もない，というような見方ができるかもしれません。
　子どもたちがどんな景色を見ているのかを常に考えることが教師に必要な受信力（受信スペック）です。

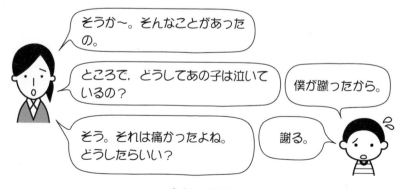

ポイント

● アナログ対応とは

　通常の生活指導です。
　生活指導では，「原因＋行為＋結果」を総合的に見て，何が問題であったかという指導をします。
　これは，発達特性のない子どもへの指導です。

● デジタル対応とは

　「原因」と「行為」と「結果」をつなげず，1つずつ分離して対応していく方法です。
　この対応は，発達特性のある子どもたちに必要な対応です。
　スモールステップで順番に納得しながら進めていくことが大切です。1つ1つ共感しながら，進めていくのです。
　さっき約束したことでも何か新しい情報が入ったり局面が変わったりしたら，信号が切り替わるように気持ちも変わってしまいます。
　このような変化に対応することが大切です。

27 解決の最重要点は，始めの一歩にある

問題解決の第一歩は，解決の入り口を見つけられる視座

　学校教育における問題解決終結の目安となるのは，相手の方に「ありがとうございます。」と，お礼を言われた時点です。
　問題解決のゴールへスムーズに向かうために，問題解決に導く適切な入り口を見つけることが大事です。
　始めの着手で失敗があれば，この後の展開で大変こじれる可能性が高まってしまいます。本来うまく解決できる案件でも，泥沼に陥ってしまうこともあります。そうならないために，

> 相手にとって，いつが最も効果的だろうかと常に問いましょう。
> 自分の発信しやすい機会，つまり，自分の都合ではなく，相手の都合を考慮し，優先させましょう。

「あの子どもが困っているのでは？」と感じたら

　「あの子ども，どうも様子がおかしいな，気になるな。」という問題を発見したとします。このように「問題じゃないかな。」と気付いたところで，どんな視座をもって，問題解決に導いたらよいのでしょう。

問題解決には2つの入り口がある

①教師自身の都合がいいタイミングや，自分がこの後どうかかわっていったらよいか，その方法を思い浮かんだタイミング。
②対象の子どもをじっと観察していき，その子どもの具合を感じとり，今がチャンスと思い立ったタイミング。

どちらの入り口を選ぶか，問題解決の視座を適切にもつためには，教師はドクターの視点をもつべきです。

つまり要観察です。問題解決の扉となる入り口やその扉を開けるキーなど，すべては子どもの中にあるのです。

・今，あの子は友達とどんなつながりをもっているだろうか。誰とどんな関係性があるのだろうか。
・授業中の活動ではどんな様子だろうか。今までと少しでも変わってきたところはないかな。給食の食べ具合はどうかな。ノートの書きぶりには変化ないだろうか。友達や先生と挨拶する様子はどうだろう？

大事なことは，対象本位になることです。自分の論理を優先することはNGです。

問題解決への対応には，情動をゆさぶる発信スペックが必要不可欠になります。しかし，どんな発信スペックが有効なのかを判別するためには，子どもの内面の理解を深めていこうとする受信力（受信スペック）が大切になります。

問題解決の入り口，タイミング探しに集中していく

　問題解決は迅速に行う必要があります。いわゆるスピード感が大切です。しかし，急ぐあまり，入り口でつまずくこともあります。

　大切なのは問題解決の対象にとって，最適なタイミングはいつかということです。

　対象者が「今すぐ助けて。」と思っても，それに気付けないようであれば，タイミングを外すことになります。逆に，「今は本当にそっとしてほしい。」と思っているときもあると思います。

　発生した事案をスムーズに問題解決するために，入り口を探り，子どもや保護者やスタッフの心情を的確に受信する受信力（受信スペック）です。

入口探し

タイミング探し

ポイント

● 授業での問題解決は，ゆさぶりから始まる

　　授業で問題解決学習をする場合は，授業者から「解きなさい。」「考えなさい。」と指示する展開はありません。
　「おやっ？」「どうして？」と子ども自身の情動がゆさぶられ，問題意識が喚起されることが大切です。

● 生活の問題解決は，子どもの困り感に入っていく

　　生活における問題は，「困り感」です。
　いじめ問題や友達とのトラブルなど，子どもが苦痛や重圧感などで，ダメージを受けている状態のときです。
　そして，子どもはきっと今，SOSを発信しているなと感じたときが，問題解決の入り口です。

● 問題解決の入り口を見つけるためには時間が必要

　「問題解決の入り口を見つけるためには時間が必要」です。
　保護者との面談の際にも，教師のいきなり発信はNGです。

28
子どもは思ったとおりに育つのではなく，言われたとおりに育つもの

自然界から学ぶこと1

> 親鳥が巣にいるひな鳥に餌をとってきて食べさせる行為。

　彼らは教育をされているわけではないですが，本能的に親鳥としての動きをしていきます。自然界では親は使命を果たします。
　親鳥はちゃんとひな鳥の数の分の餌をとってきます。
　2羽のひな鳥がいれば2羽分の餌を取ってきます。もしこのとき親鳥が1羽分の餌しかとってこられなかったら，ひな鳥たちは餌の取り合いをします。
　いわゆる兄弟喧嘩が起きます。ひな鳥にとって餌は親の愛情です。親の愛情を獲得しようと，兄弟が敵になってしまいます。
　このことは，人間の親子関係にも当てはまります。親の愛情が2人の子ども分ちゃんと発信されれば，兄弟姉妹は仲良くなります。
　もし1人分の愛情しか発信していないとしたら，兄弟姉妹は喧嘩が絶えないということになると思います。

自然界から学ぶこと2

　ある動物園のライオンの話です。赤ちゃんのときから飼育係に育てられたライオンは，自分は人間だと思い，同じ檻にいたライオンとは激しく闘ったそうです。
　それ以来，このライオンたちは接触しないように，常に別々のエリアにいるようにされたということです。子ども時代の刷り込みは，おとなになっても影響するという1例ですね。

> 〈自然界から学ぶこと〉
> 　子どもたちにも様々な生育歴があり，それが子どもたちの今の行動に影響を与えていることもあります。このことをしっかり踏まえていきましょう。子どもたちには，じっくり学校という社会で，新たなルールを考えていくことが，大切です。

　子どもの行動にはすべて原因があり，何かのきっかけで怒り，悲しみ等の情動が発生します。しかし，情動の発生や行動の根幹には，生育歴の影響がある場合もあるととらえてみましょう。
　子どもたちに行動や感情のコントロールをさせるためには，一喝するようなアクションでは，表面的な変化しかできません。
　学校教育では，いけないことはいけないとしっかりと基準を示すことが大事ですが，じっくりそのことがどんな意味なのかを分からせ，どうあることが自分にとって本当に幸せになることなのかをつかませましょう。
　子どもには生育歴から培われた感覚もあることを理解する受信力（受信スペック）です。

子どもは思ったとおりに育つのではなく，言われたとおりに育つもの

親には子どもにこう育ってほしいという願いがあります。

例えば，次のような願いがあります。

「朝ちゃんと早く起きて，着替えて，歯磨きをして，朝ご飯をちゃんと早く食べて，素早く学校へ行く準備をしてほしい。」

でも，なかなか思うとおりに子どもは反応できません。

朝の忙しい時間です。つい親としてイラッときて，「早くしなさいと言っているでしょ。いい加減にしなさい。」などと言ってしまいます。

そう言われた子どもは，「僕は駄目な子なんだ。」と思うようになってしまいます。

「子どもは思ったとおりに育つのではなく，言われたとおりに育つもの」ということを認知する，子ども理解の受信力（受信スペック）です。

親鳥の本能です

兄弟はそれぞれ親の愛情を受け仲良くなります

ポイント

●子どもは受け取ったものを，そのまま投げかけていく

子どもはひどい言葉を受けていれば，友達にひどい言葉を発します。
叩かれていることに慣れていると，友達を叩くことが普通になります。
優しく育まれてきたら，友達に優しく親和的になります。
親の姿から親業のモデルを学びます。
そして，自分が親になったときにも無意識のうちに実践します。

●生活の文化も一緒

赤味噌で育った人は赤味噌が定着し，白味噌で育った人は白味噌でないと受け入れ難くなります。
土地の味，その地方の風習も同じです。

●子どもは3世

親も2世です。そうやって育てられたので，連鎖しているのです。
子どもは3世だと考えましょう。

㉙ 愛情の充電をする

子どもが成長する器づくり

「三つ子の魂百まで」と言います。では魂とは何でしょうか。

> 　子どもの心は自分が親から大事に思われていると感じることでたっぷり充電されます。
> 　このことが，これからを生きる上でのエネルギー源（魂）になります。
> 　子どもが豊かに成長していく器づくりになるのです。

　スマートフォンのバッテリーとアプリの関係と一緒です。
　スマートフォンは充電が十分されていれば，安心してアプリを使えます。しかし，もう少しで充電が０％になるという状況であればどうでしょう。安心してアプリを使えず利用者の心は引いていきますね。
　すぐに充電することができなければ，使いたくても，アプリの使用を制限したり，やむを得ず，スマートフォンの使用そのものを止めてしまわなければならないことがあります。
　スマートフォンのバッテリーの充電のように子どもの魂に愛情をたっぷり注げば，生き生きと活動する力に置き換えることができます。
　子どもの心の充電・充実ができていることが活躍する力につながるのです。

> ・子どもたちが，いろいろな能力を安心して発揮するには，心の充電が大変重要です。
> ・心の充電ができていれば，能力はいつでも発揮できます。つまり，心が豊かに穏やかであれば，学びもいつでも可能になります。

　つまり，豊かな学習をしていくことより，心の充電・充実をめざしていくことが優先順位は上です。心の充電・充実が満たされていれば，豊かな学習を行うことができます。反対に，心の充電・充実ができていなければ，学習は手に付かなくなります。そして，心の充電・充実がなされるに伴って，もっと分かりたい，もっとできるようになりたいという情動も高まっていきます。

　心の充電・充実は，人としての器づくりの基本になります。
　器は少しでも大きく，しっかりと頑丈なものにしたいものです。
　では，どうやって心の充電を図っていけばよいでしょうか。

> 　「子どもの心が充電・充実している」とは，保護者や教師から，「自分が大事にされていることを，しっかり実感している」ということです。
> 　「あなたは私にとって，大事な子どもですよ。」
> 　「あなたは私にとって，かけがえのない人ですよ。」
> とエールを贈ることが大切です。

　しっかり，たっぷりエールを贈ることについては，充分過ぎるということはありません。教師や保護者は，子どもにとって世の中の社会人の代表なのです。

おとなが、心の充足に上限をつくらない

　子どもには際限なく、思い切ったエールを贈っていきましょう。
　もうこれくらいで充分だと、心の満たされ具合に上限をつくらないことです。
　子ども時代に丈夫な心の器をつくること、このことは、「三つ子の魂百まで」とも言われます。丈夫な器は充分な心の充電と充実でつくられます。
　ですから常に、次の視点で子どもをとらえていきます。

> 「子どもの心の充電・充実の具合はどうかな？」
> 「子どもの心の器がどれくらいしっかりしているのかな？」

　子どもたちの内面の満たされ具合がどんなものか、常に気にかけて、とらえていこうとする受信力（受信スペック）です。

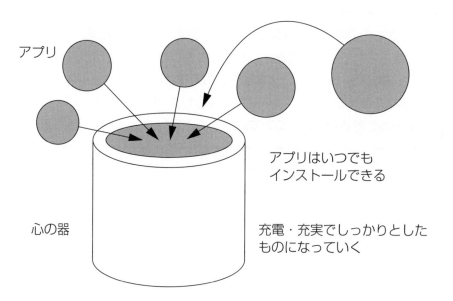

ポイント

●心が満たされることは，元気の基になる

　才能があっても，緊張感やプレッシャーに押しつぶされ，結果を出せないアスリートが多くいます。
　逆に，絶体絶命の大ピンチでも，自分のもてる力を100％発揮できるアスリートもいます。
　これらの根幹は，自分の力を信じきり，これまでの努力を信じることです。
　つまり，これからの不安ではなく，これまでの自信により，心が満たされているということです。

●器ができれば，いつでも豊かな学びに向かえる

　自分自身のあるがまま，ありのままを受け入れる心が大事です。
　心の充実があれば，素直に豊かに学びに向かうことができます。

●学びはいつからでも遅くない

　学べたときが，自分にとっての旬で，最適なタイミングです。
　そのときの学びは，自分にとって必然であり，最も効果があります。

30

子どもから豊かに学ぶ

　教師は教える人，子どもは教えられる人。この構図を不変な揺るがない大前提という考えは，教える立場の教師として，危険な概念だと考えます。
　教師は教える立場だからこそ，本当に輝く姿を体現していきたいですね。
　懐を深く，柔軟で，あらゆるものをエネルギーに変える次の姿勢が必要です。

・何事にもしなやかな対応と対応への懐の深さを発揮する。
・如何なるときにも前へ進む強さ（難しい事態にも輝く生き様）を示す。
・志や信念がブレることのない「水」のような強さを身につける。

　そのためには，次のような概念をNGにしましょう。

・すべての子どもに，常に完璧な対応ができている。
・すべての子どもは，生活や活動において，勉強，しつけ，趣味，特技等のあらゆるものを，必ず教師や親から教えられるべき。

　教師は，あらゆるものを自分のエネルギーに変えていく力をもち合わせていくために，水のような強さを教師力にしていきましょう。

「水のような強さ」を身につける

水から学べることには以下のようなものがあります。

・水は上流から中流，中流から下流へ流れ，一切の例外はありません。教師の志や信念は，こうでありたいと思います。
・水には穏やかな大河の流れや急流の激しい流れがあるように，その場に応じて，最善を追究して柔軟に姿を変えていきましょう。
・水が岩をも穿ち，石を丸くするように，どんな困難な状況でもあきらめず粘り強い姿を学びたいものです。
・大きな壁があれば，川は流れをしなやかに変化させます。偉大なる柔軟性です。今日の社会において，多様性に対する柔軟性が教師力に最も必要な力だと考えます。

「水のような強さ」を兼ね備えていくと，間違い，未熟さを情けないこと，恥ずかしいことと思い込み，落ち込むこともなくなります。

あらゆることが，自分の本物教師像に近づけるための通過点と考えましょう。

「失敗」はいい勉強の機会にしましょう。失敗をそのまま落ち込む材料にしないことです。

そこから学び，反省はしても後悔はしなくてもいいです。この失敗を踏まえこれからの子どもに別の形で果たしていこうと考えましょう。

子どもから学ぶこと，これは宝物の宝庫だととらえ，教師力のエネルギーにしていきましょう。

「子どもの中には学ぶべき輝く宝庫がある」という，子どもをとらえる受信力（受信スペック）です。

子どもから学び続ける教師になる

　子どもから学ぶということは，子どもをよく観察し，常に新しい感覚を子どもから発見していくということです。
　これは，若い教師だけに当てはまるものではありません。
　子どもは社会の中で育っています。
　家庭にガスコンロがなくIHを使っていて，部屋にはストーブではなくエアコンしかないとしたら，その家の子どもは火を知らないことになります。
　しかし，教師が，その子どもが火を知らないということを学ぶには，その子ども自身の姿から見るしかありません。
　時代に即して，子どもの知っているもの，感じているものは変化していますが，おとなは自分の育った感覚のままでいることが多いです。
　子どもとのふれあいを通して，子どもがどんな感覚でいるのかを発見して体感していくという，受信力（受信スペック）です。

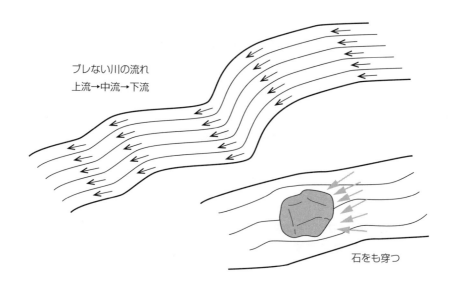

ポイント

●子どもからの学び

　子どもとの対応での失敗があっても次の指導に活かします。
　子どもの発想，子どもの表現，子どもの感覚が，どれくらいの多様性があるかを探ります。
　子どもがどこでつまずくか，授業においては理解の仕方をつかみます。
　子どもにどれくらいの耐性があるのか，ダメージの受けやすさを理解していくことも必要です。

●子どもを恩師に

　子どもは教師を育ててくれる存在だと認識しましょう。
　教師の成長にとって，子どもは生きた教材とも言えます。

●教師は水のような強さをもつ

　水がいろいろな形に変われるように，教師はそれぞれの子どもの波長に合わせる柔軟性をもちましょう。
　子どもへの志はブレることなく，川の流れのように貫きましょう。

31

子どもの心の中は見透かせない

子ども時代のことを思い出す

　子ども時代，自分の親に心の中をすべて見透かされていたと実感していましたか？　否ですよね。

　自分の親に，話していないことでも見透かされていたと思ったことがありますか？　見透かされていたと思う人は誰もいないと思います。
　私がこれまで聞いてきた人すべての回答は，否です。
　このことにはどんな意味があるのでしょう。

　人が他の人の心を見透かすことはあり得ないということです。
　自分の子ども時代を思い出していきましょう。

　親子は最も心の距離が近い関係であるはずですね。
　その一番近い距離の親子でも，見透かすことができないのであれば，教師と子どもではどうなのでしょう。親子より距離がある教師と子どもの関係で，教師が子どもの心を見透かすことができると思うことは，浅はかですね。自分の子ども時代を思い出してみてください。自分の心を見透かしてくれていた先生はいましたか。

> 　教師は，子どもの心を見透かすことはできないことを思い出しましょう。

　いつしかおとなになって，親に，教師になって，ついつい子ども時代を忘れてしまっていますね。忘れていること自体も忘れてしまっているのではないでしょうか。
　子ども理解に努めるには，子ども時代の経験を参考にすることも重要な手段の１つだと考えましょう。当然，自分の子ども時代と今目の前にいる子どもたちとは，環境も時代背景もすべて異なる訳ですから，全く同じ価値観や発想はあり得ないことです。でも，子どもとしての基本形は参考になるわけです。
　子ども時代の経験者として，自分の子ども時代の発想を振り返り，今の子どもたちにも当てはまる共通性をとらえていきたいですね。

> 　自分の子ども時代に感じたこと，気になっていたこと等は，教師として子ども理解につながります。
> 　「のど元過ぎれば，熱さ忘れる」とも言います。
> 　おとなになれば，誰にでも陥りやすいこの状況を自覚して，子どもたちを通して自分の昔を想起しながら，思い出し立ち向かっていきましょう。

　自分の子ども時代を常に想起することで，子どもの心を受信する受信力（受信スペック）です。

子どもの側に立ってみることが大事

　自分の立ち位置からだけで子どもを見ていても，見えないものがあります。
　一度，自分が目の前の子どもの中に入ってみるような気持ちになっていくといいです。子どもの側に立ってみるだけでも，気持ちが近付いたような気分になります。

子どもに興味をもつ

　何とか子どもの気持ちを探ろうという思いを強くすれば，力みが生じかえって分かりにくくなると思います。力を抜いて子どもに興味をもっていきましょう。
　興味をもつことで理解が進む受信力（受信スペック）です。

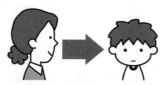
おとはな子どもが見えていると思っている

子どもはおとなから見えていないと思っている

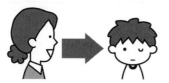
おとなは子どもの話を聞いていると思っている

子どもはおとなに話を聞いてもらっていないと思っている

ポイント

●心の中は見透かすことができないという自覚が必要

　子どもの行動を見て，この子は○○と思っていると心の中のすべてが見える気分になりがちですね。
　でも，あえて「そうではないのかもしれないな。」と感じる余裕を常につくっておきましょう。
　自分の子ども時代を，いつも背後に置いておきましょう。

●子どもはもっと話を聞いてほしいと，おとなが思っている以上に思っている

　教師や親からすればちゃんと話を聞いているのにと思っても，子どもはもっと話を聞いてほしいと思うことが多いです。
　話を聞くということは，言葉を聞き取るということではなく，自分の気持ちを分かってほしいということです。
　分かってもらえたと感じさせるために，共感する言葉かけが必要です。

●見透かされていないことからひと安心

　人は心を見透かされていないから，ホッとひと安心という気持ちになります。このことも理解していくことが大事です。
　いつも心に入り込んでくるという思いは重荷になることもあります。

32 成長して大きく変容する

子どもはいつの間にかおとなになっている

　教え子たちの同窓会では，時を超えた子どもの未来像と出会います。
　教師の中では，卒業の時点で教え子の姿は止まっているのです。
　教え子との同窓会は，子どもがいつしかおとなになっていることを学ぶ，貴重な経験をする場です。
　自分自身も教師としての現在の姿と，子ども時代の姿は，すべて共通していて変化していないということはないですよね。

> 　むしろ，「えっ，教師をやってるの？」と驚かれることもありますよ。昔，みんなの前で話すことが苦手だったのに，今は，子どものたちの前で喋ることを仕事にしている人も，決して，少なくないと思います。

　かつては子どもだった自分たち教師も，学校時代に教えられてきたこと以上に，学校現場という社会に出て，数多くのことを勉強して日々成長しています。社会に出て最初は仕事人としては右も左も分からない状態です。
　それから，研修や経験を少しずつ積んでいき，自らも学んでいきながら，仕事人として少しずつ成長し，いつしか，後輩を育てていたり，職場のリーダーや管理職として，仕事を極めていったりしていきます。

教え子の子どもたちも同じよう成長しています。卒業生の同窓会に参加すると，卒業してからしばらくぶりの再会で驚かされることばかりで，新たな発見もあります。

　教え子たちは，立派な社会人となり，受験生の親であったり，沢山の従業員を雇用している事業所の経営者であったりしています。中学校時代の姿や印象とは別人になっている人ばかりです。

同窓会から学ぶ

　教師は，目の前の子どもたちの姿を近視眼的な見方で見ていることがあります。

　今見ている子どもの姿は一部でしかないというだけでなく，このまま将来にわたって永遠に続くものではないという認識をもつことが大切です。

> 　子どもを見る教師眼には，過去形や現在形だけでなく，未来形の視点も備えていきましょう。
> 　未来形とは，今目の前にある子どもの姿は，現在の一瞬の姿であって，この子どもの姿が，未来永劫に必ずしも続くものではないということです。

　自分が子ども時代から大きく飛躍したのと同じように，目の前の子どもも，想像を超えた姿になるという意識をもって子どもたちにかかわりましょう。

　子どもの未来の可能性を期待し想定する受信力（受信スペック）です。

昔そうであったことを思い出す

　小学生のときの自分と今の自分を比較してみると，比較のしようがないほど全くの別人である気がします。小学生や中学生のときにできなかったことが，今は普通にできていることも多いでしょう。
　また子ども時代どうであったか忘れていることも大変多いです。特に印象深いことは残っていても，自分がどんな子どもであったかは断片的な姿しか思い出せないのです。このように無意識のうちに人はどんどん成長していくのです。
　自分の根幹は同じですが，時を超え，スケールがどんどん大きく豊かになっていくのです。

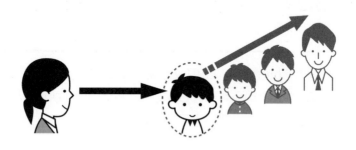

ポイント

●今見えている子どもの姿がすべてと思わない

　「そんなことしていたら，将来大変なことになるぞ。」と，今のことがすべてだと，つい思ってしまいます。
　今見えている子どもの姿と別の姿になるということは，なかなか想像できません。
　ちょっと心の中のカメラを遠目にして，子どもの未来像は見えなくても，この先には別の姿があるだろうなという意識を保っていましょう。

●一場面だと考える

　今の姿には過去形もあれば，未来形もあるのです。
　「どんな変容が予想されるのかな？」という問いを抱き，ひょっとして大きく変わるかも…という推測も可能です。

●教師の営みは一生モノ

　誰にでも子ども時代の教師のエピソードがあります。
　いい思い出でもそうでない思い出でも，両方あるものです。
　今ここでのかかわりが，この子どもの生涯の思い出になるかもしれません。その気持ちをもってかかわりましょう。

33 本当の親切とは何かを追究する

できる本当の親切とは何か考える

・職場のリーダーや同僚として　　・家族として
・学校教育の教師として　　　　　・友人や知人として

```
┌─────────────────────────────────┐
│　私に何か適切なサポートができないか　　│
└─────────────────────────────────┘
                ↓
┌─────────────────────────────────┐
│　あなたがしっかり立ち行くためには　　　│
└─────────────────────────────────┘
                ↓
┌─────────────────────────────────┐
│　じゃあ，どうしたらいいのかなあ　　　　│
└─────────────────────────────────┘
                ↓
```

（優しくしてあげる）　（あえて厳しくかかわる）　（そっと見守る）

よかれと思ってやったことが，相手にどう伝わったのか。もしかして，傷

つけることになってしまったらと思うと何が正解かは，分からないですね。
　・答えはどこかに書いてある。
　・誰かに聞けば分かる
というものでもないでしょう。
　すべては本人の中にあると思います。それを探り出したいものです。
　自分の直感は抑え，受信力（受信スペック）を発揮することが大事です。

「本人の心に，今どんな思いがあるのだろうか？」と問い続ける。

| 温かいエールを贈り，よしよしと励まし，手伝い，負担を軽くし，休養を与える。 | ハラハラドキドキしながら，じっと見守り，時にはそっと距離を置いて見守る。 | あえて憎まれ口を言って，嫌われても大丈夫という覚悟で苦言を呈する。 |

人によってアプローチが変わります。同じ人でも，時によって異なるアプローチが求められます。何の法則もありません。

　まずは人が好きであることが大事です。そして，その人が立ち行くために，自分が役に立ちたいという志をもつことが大事ですね。
　常に，新しい出会いが大切です。これまでに出会った人との経験だけで収まらないのが，人との営みですので。
　人の思いの中心を知ろうとする，受信力（受信スペック）です。

弱腰にならない

　1人1人みんなを心から大事にする社会になってほしいと願います。
　大事にすることは自分にも返ってくるのです。
　「人に喜んでもらう喜び」…これが生きる喜びだと思います。
　そのためには，相手のことを思う気持ちで，友達や家族，スタッフ，そして子どもとかかわっていくことがとても重要です。
　その目標や志を具現化するための方法がいくつかあります。
　志や信念を第一優先と考えたなら，「嫌われてしまうかもしれない。」「嫌われたくないから。」などのような，弱腰にならないことです。
　自分本位の考えではなく，子どもが立ちゆくためにどうしたらいいのかを真剣に問い，そのためにできることは何かと状況を受信していく受信力（受信スペック）です。

ポイント

●ハラハラドキドキしながらもじっと見守る

- ここはじっとがまんしよう。
- 本人はがんばっている。物足りないことがあっても，自分で解決させていこう。
- 今は言うときではないな。失敗しても自己責任を味わってみるのも勉強だな。

●嫌われてもはっきりと言うようにする

- ここはガツンと言おう。
- わざわざ嫌われに行くようなものだけどしょうがないな。
- 今自分が言わないと，誰が言えるのかな。

●別なやり方があることに気付かせる

- 例えばこんなやり方があるよ。
- こういうのもあるよ。この中から自分で好きなのを選んでみよう。
- 困っている人，こっちにおいで。ヒントだけ言うね。○○とか△△とかがあるよ。どうかな。

34

起きた事案は理由を追究する

行動や事案には理由がある

起こったことはすべて理由があるととらえましょう。
　起きたことは，必要なことであり，これからの自分の成長にベストな課題であったという認識をもつのです。

過去を否定されたら，未来への前進は停止する

「教師としてこれまで間違っていた。」「親として誤りだったんだ。」「自分が駄目だった。だから悲しい。自信をなくした。もうやっていけない。」
　このように落ち込む状況では未来は拓けません。

　人が成長するということは，これまでのステージを卒業することです。ワンランク上のステージへ歩み出そうというものです。

　人が成長するということは，過去の自分から脱却するということなのです。

起きたことはすべて,「必要,必然,ベスト」である

　未熟であっても,「その瞬間では精一杯だった。」とか,「自分としては,正しいと思っていた。」と思うことです。
　未熟であったと気付いたのは,自分が少しでも成長したからです。少しでも成長した自分から見たら,「未熟だったなあ。」ということになります。
　ワンランク上のステージへ歩み出る成長する時期が来たと考えます。

●子どもの問題のある行動
　子どもの行動は,これまでの流れの延長線上で起きています。
　「友達からの悪口でカッとなり,叩いてしまいました。」というような場合,これは突発的に行ったことではなくて,日頃からある何らかの原因が背景になっているのでしょう。
　ですから,全面否定するのではなく,同調することを見つけて,本当のところで心地よくなっていないことに帰着させ,啓発しましょう。

●ステージアップの実践例

> ついカッとなって,○○さんを叩いてしまったね。
> 悪口を言われて 悔しかったんだね。◀ 同調します
> 今もムシャクシャしているんじゃないのかな？
> これから同じことが起きたとき,スッキリする方法に変えていこう。
> ◀ 啓発します

　行為は決してよくないし,その行為によって,相手の子どもが傷ついているかもしれません。それに気付かせるためにも,同調と啓発に努めましょう。子どもの行動の必然性をとらえる受信力(受信スペック)です。

大河の流れととらえる

　おとなでも，様々な行動がいろいろなことにつながっていることがあります。このことに対して，こういう行動をとったのは，自分の中でそういった流れがあったわけですよね。脈々と静かに大きく流れる大河の流れに，私たちは乗っているのだと思います。ですから，周囲の人から見たら，ちょっと物足りないなと思われるような場合もあるかもしれませんが，今の自分の中では一生懸命ということは多いと思います。子どもも同じです。
　1つ1つがパズルのピースのように，いろいろ連動して行動していることが誰にもあると思います。
　大河の流れのようなその子どもの行動の背景を見ようとする受信力（受信スペック）です。

過去はかけがえのない経験

起きた行動は，これまでの行動の延長線です。

過去の全面否定は NG！　必然の過去があるから，成長があります

ポイント

●行為，行動の背景を探る

　直接的な原因もありますが，こういうことが起きやすかったという因子を見つけていきます。
　例えば，ある子どもの「きれる」という行為があったとき，そのきれやすい特性等に，どんなものがあるのかを分析していきます。

●「森を見て，木を見る」という視点で分析する

　問題行動をその一部分でなく，前後の経過経緯を見て，どんな流れがあるのか，そこに何らかの傾向が見えないかを吟味します。
　1人の教師だけの視点で，問題解決をするのではなく，学校として，スクールカウンセラーや外部関係者との連携が必要です。

●組織的・体系的な情報把握が必要

　前担任からの引継ぎなど，これまでの数年スパンでの所見を共有します。
　連携を密にして養護教諭や授業に入っているすべての教師の所見も収集していきます。
　これまでの面談や相談で，保護者について得られた情報も考慮します。

35 自分の言葉がどう伝わったかを把握する

どう伝わったかがすべてである

- 何を発言したか,どんなつもりで発言したかではありません。
- 相手がどう聞こえたか,どう理解したか,どう感じたかです。
- 教師の発信が問題ではなく,子どもや保護者,スタッフがどう受信したかが大切です。

例えば「あなたのこと大好きだよ。」という発言があるとします。

この発言は「あなたは大事な人だね。」「教師として愛情をもって君を見ているよ。」という意味であっても,それ自体には関係がなく子どもがどう受けとめたかが大切です。子どもにどう伝わったのかがすべてなのです。

「気持ち悪い。」「嫌だ!」と嫌悪感を抱かせてしまったら,教師の発言は,全く効果のないものになってしまいます。

教師として不適切な発言と思っている言葉でも子どもが感謝するようなことがあれば,OK発言に変わる場合もあります。

教師に求められること

何を発言したのかではなく，子どもや保護者，同僚に，その発言がどう伝わったのか，どう感じられたのかが大事です。

教師が発信する重要な機会

・子どもたちを元気づけるために，エールを贈る場合
・子どもたちを律するために，厳しく指導する場合
・子どもたちが悩みから抜け出すための教育相談の場合

　これらにおいて，どのように受信してもらえるのか，受信する側の気持ちをつかみ理解しながら，発信しなければなりません。
　第一優先で考えなければならないことは，子どもや保護者や学校の教職員が，今から自分が「〇〇」と言うと，どう思うのか，どのような受けとめ方をするのかなということです。
　この想定は簡単にできるわけではないです。教師としてよくない予想を感じるのであれば，そもそも発言は控えます。
　どう受信されるかをつかみきれるかどうか未知ですが，次の心得は必要です。

・「これを言うとどう伝わるかな？」と常に自問自答していきましょう。
・日頃の関係性，今の状況や周辺情報，本人の心の具合から，今はどう受信されるかなと，その状況で瞬時に判断していきましょう。

　相手がどう感じるかを受信する受信力（受信スペック）です。

自分と相手の対話シーンを見る，もう1人の自分を登場させる

　人の評価を気にしすぎるのではなく，自分の伝えたいことが，ちゃんと伝わったかどうかをきちんと確かめることに集中しましょう。

　伝わったつもり，伝わった気分という自分勝手な判断には，気をつけましょう。

　自分の立ち位置からでは見えにくいので，自分の位置から一端離れ，これを第三者が見ていたら，相手の様子はどう映るのだろうかに着目していきましょう。ちゃんと伝わったかが心配であれば，「今の話だけど，○○という意味だよ。」と念を押すということも有効です。相手にどう伝わったかのアンテナを広げ，伝わってほしいことが伝わっているかなと問う，受信力（受信スペック）です。

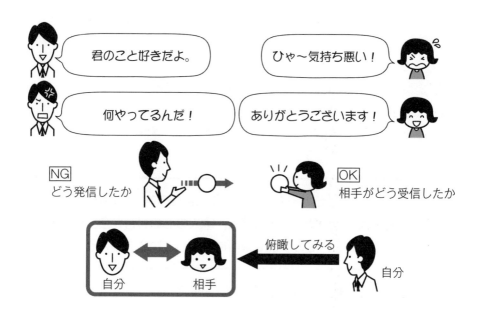

ポイント

●どう把握すればよいか

　発信したら終わりでなく，発信の後のリアクションを把握するまでをワンセットと考えます。
　子どもや保護者，スタッフの表情，顔色，返しの言葉をしっかり受けとめていきます。

●どのように伝えるか

　発信は第1部，受信が第2部と考えます。
　アイメッセージです。その言葉には信念をもちましょう。ゆらぎがある，あいまいなものであるときは，その言葉を発することに慎重になりましょう。

●「伝えるエネルギー」＋「伝わったエネルギー」で，ワンセット

　多くの場合，発信したら終わりで，「伝えるエネルギー」だけを消費することになります。
　しかし，それは半分です。重要なことは意図することが伝わったかな，「うれしい。」「ありがとう。」という気持ちが発生したかなと意識することです。

36

多様性への柔軟性をもつ

> これからの社会は，ますます多様な社会になると思います。その多様性にしなやかに対応する力を身につけていきましょう。

保護者の要求や価値観は多様である

　この傾向はどんどん加速していくでしょう。
　学校に対する期待感やあきらめ感，各教師に対する要求や不信感等，その対応ついては，子どもへの対応以上に拡大することも予想されます。

教職員の感覚も多様化が広がっている

　世代間ギャップはもちろんのこと，若い世代同士でも価値観の相違は顕著になっていると思います。コミュニケーション能力においても，大変優れた若者もいれば，自分の世界に１人でいることで落ち着く若者と二極化しているようにも思われます。

子どももより多様な個性や特性がある

　家庭の教育観が多様になれば，それに連動して子どもの個性の多様化は進

んできています。個性の伸長は大事なことですが，視点を変えれば，個性の多様化によって，かかわる子ども同士のストレスが増幅してきているようにも感じます。また，発達特性をもつ子どももいますので保護者の対応に柔軟性も求められています。

世の中も変化している

今はボーダレス社会です。様々な境界がなくなってきています。ネット社会になり，おとなだけがもっていた情報が子どもでも容易に入手できるようになりました。逆にSNSの普及で，若い世代の方が情報の入手が速いこともあります。

> このような高度な多様性の社会になっていくからこそ，学校教育は，多様性の思考をしっかり吟味し受けとめた上で，しっかりした志をもち，豊かな個性を発揮すべきだと考えます。

> これからの学校教育に必要なものは，多様性への柔軟性です。
> 教育の柔軟性とは，主体性を消すことではありません。
> 教師の主体性を的確に発揮するために，子どもたちの多様な思考を充分にとらえて，個々に対して，つながりをつくり，絆づくりに専念し躊躇せず，しなやかに対応することが大切な柔軟性と考えます。

積極的に多様性を認め，受けとめる受信力（受信スペック）です。

多様性を楽しむ

子どもたちのいろいろな個性に対応することが必要です。

今後の学校教育においてはこれまでにかかわってきた子どもたちとは違う，新たな行動パターンが見られることもあるかと思います。
　そんな中で，教師や学校全体が，豊かで充分な対応をするためには旧態依然としたものさしに固執せず，この時代に最適な基準づくりにチャレンジし続けていくことが大切です。
　新たな特性や個性の子どもたちへの多様な対応で，学校教育が成長していきます。
　新しい出会いを楽しみましょう。多様さは幅を広げるチャンスでもあります。
　多様性への柔軟性という受信力（受信スペック）です。

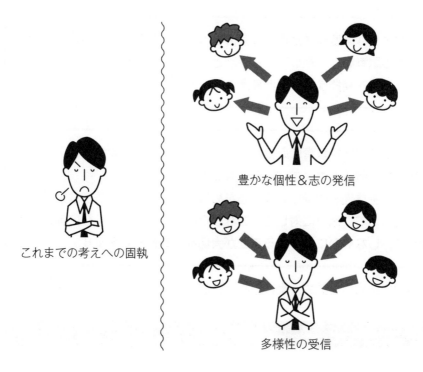

これまでの考えへの固執

豊かな個性＆志の発信

多様性の受信

ポイント

●学校教育の志を，常に高めてもち続ける

　学校教育として，教師としての志は不易なものでありますが，時代の流れに即して，適合させていくことを心がけます。
　今の子どもにどう適正に対応できるかが大事なことです。対応の受け手の子どもたちや保護者の価値観に順応させていきます。

●常に本当に当たり前か，見直し続ける

　学校文化にある慣習的な行事や活動，教師のルーティーンについて，それを絶対視せず，本当に必要か，なぜ必要かなどを時々確かめていきましょう。
　学校教育に日々新しく携わる感覚を常時もっていきましょう。

●多様性に惑わされないようにしよう

　保護者から指摘を受けた場合も動揺しすぎるのではなく，いろいろな意見が聞けることは，教育の活性化につながると認識しましょう。
　最重要なことは学校教育への志です。

37

必要なわがままもあると考える

発達特性のある子どもたちの傾向

発達特性のある子どもたちには自信を失っている場合もありますが，自分が大事にされているという思いを伝えることが大切です。

発達特性には，いろいろなケースがあります。

学習障害（LD）
アスペルガー症候群
注意欠陥・多動性障害（ADHD）　等

　こういった特性をもった子どもは，幼少の頃から，いろいろな注意を受けている可能性が考えられます。
　「○○ちゃん，じっとしてて。」
　「○○ちゃん，ちゃんと座ってて。」
　「○○ちゃん，がんばってやってちょうだい。」
　さて，そんな子どもの立場になるとどんな景色が見えるでしょうか。
　注意を受け続けたことで
　「どうせ僕なんか駄目なんだよね。」

「どうせ僕はできないから。」
などと，思いこんでいることがあります。
　自信喪失につながっているのです。
　ですから，温かいエールをいっぱい贈りましょう。

> 「あなたは，先生にとって大事な人だよ。先生はあなたが○○しても，あなたのこと大好きだよ。」と語り続けましょう。

　気持ちをしっかり受けとめ親和的な関係で過ごせる時間を増やすことが大事です。今まですることをずっと否定されてきたことを想像してみてください。
　温かいエールや気持ちをしっかり受けとめてもらえることは，「僕は大事にされている。」と感じさせていく瞬間でもあります。
　発達特性のある子どもの心もぐっとつかむ，受信力（受信スペック）です。

自信喪失への対応

　発達特性については，スクールカウンセラーなどを紹介していくことが状況に応じて必要です。その一方で，教師にできることは自信喪失感を少しずつでも払拭させることです。気持ちをしっかり受けとめましょう。これは，「あなたのことをとても大事に思っているよ。」というエールです。穏やかな親和的な時間を多くつくりましょう。
　子どもの温かみ，柔らかさを引き出す受信力（受信スペック）です。

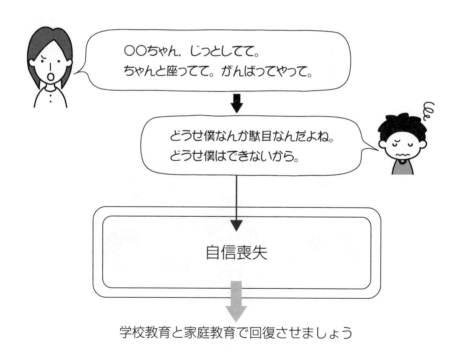

ポイント

●「必要なわがまま」もある

　親としては，いい子に育ってもらいたいためにしつけをします。
　その結果，自分としては普通にしていても，叱られ続けるために自信喪失してしまいます。
　それを補うものが，「必要なわがまま」です。

●「大事にされたい」は普遍的な思い

　大事にされたいと思う気持ちは，人間の本能です。
　温かいエールを贈り続ければ，必ず伝わります。

●子どもたちの特性を理解しよう

　社会性に難があるケース，学習障害のケース，視野が自分からの一方向しかないケース，等々子どもたちの特性を理解しましょう。

38 お礼を言われるまで問題対応をする

問題の解決に向かってどこまで突き進むのかを考える

「ありがとうございます。」をめざしてがんばりましょう。

　一般的に，学校問題の解決のゴールは不明確です。とくにいじめ問題などは，本当に子どもへのダメージが消えたのかが見えにくいものです。子どもの心の中は目では見えないのです。
　クレームは取りあえず途絶えたとしても，保護者が抱く学校に対する不信感は，払拭されないままということも多いようです。

学校問題の解決の終結基準をもとう

子どもたちの豊かな心の育成をめざし，次の2点に鋭意努力しましょう。

・解決のゴールは，当事者や関係者の人たちから，「ありがとうございます。」と，お礼を言ってもらうまでと基準を定めて努力しましょう。
・どうすれば最後には，「ありがとうございます。」と言ってもらえるか，そのための展開の工夫や配慮に努めましょう。

学校問題終了の合図

「ご迷惑をおかけしました。ありがとうございます。」
「努力していただきまして，ありがとうございます。」
「はじめはどうなるかと思っていましたが，最後にはきちんと収めていただきまして，ありがとうございます。」

　ゴールを設定し，そこに到達するためには，どうやって進めばよいでしょうか。
　次のような方向性，手順，段取り，見通しを立ててみましょう。

・怒っている保護者（子ども）に「ありがとうございます。」と言ってもらうには，怒っている気持ちの中心は何かを問いましょう。
・悲しんでいる保護者（子ども）に「ありがとうございます。」と言ってもらうには，悲しんでいる気持ちの中心は何かを問いましょう。
・親子が立ちゆくには，この場合何が不可欠なのかを問いましょう。

　人と人の営みの中で起きた問題の解決に公式のようなものはありません。
　しかし，人の心には道理があります。これは人によって異なります。
　是は是，非は非で対応します。もしこちらに過失があれば謝罪します。過失がなければ，丁寧に伝わるように説明をしましょう。
　人の心の中心に寄っていきましょう。どうすると落ち着くのか，安定するのか，そして喜んでもらえるのか，冷静に追究していきます。
　人の心の中心を受信していく受信力（受信スペック）です。

絆を結ぶ，つながりをつくる，信頼を生む，協働を強化する

　人生においてこれまで経験した問題の対処が人を成長させます。これは子どもにとってだけでなく，おとなにとっても同じことです。

　問題発生に対して，まずこの問題が関係者とつながりを形成する場であるという心構えをしていきましょう。その上で，この問題の本質は何かの把握を探り場合によっては1人で足りない分を補完し合う組織的体系的な対応もしていきましょう。

　つながりを生み信頼を構築するための，受信力（受信スペック）です。

「ありがとうございました。」をめざして，問題解決へ向かおう

起きた事案の対処の仕方を共有する

ポイント

●すべて学びの素材

　子どもが生きる上で，生活から起きることはすべて学びの素材です。
　この問題から子どもが何を学べばよいか，多面的に考慮しましょう。
　人はみな，安心を求めているという揺るぎない信念を，元気の基にしていきましょう。

●学校の組織力を高める機会

　1人が抱えないこと，1人で抱えさせないことに徹します。
　学校組織としての対応は，温度差が生まれるリスクもありますが，1人の見る景色だけで判断，行動をするのではなく，複数の人の視野の中で志を貫きましょう。

●明けない夜はないと信じる

　問題解決のゴールを見失うことなくメンタル面を磨きましょう。
　ゴールは偶然の結果でなく，関係者全体での共有化を図りましょう。

39

保護者は協働行動の同志である

保護者への語りかけ

　今日から皆さんと私たち学校は，同志であります。
　お子さんたちが将来，自立した社会人になり，豊かに育つことを願う気持ちはご家庭も学校も同じです。お父さんやお母さんの志に負けない，限りなく強い志を抱いております。
　今日から，ご家庭と学校が連結し，それぞれの立場からお子さんを導いていきます。
　保護者の皆さんと私たち学校との協働活動の始まりです。

　モンスターペアレントという言葉があります。クレームを言う保護者の呼称です。
　でも本当に，モンスターペアレントっているのでしょうか。
　モンスターと言われるまでになったのは何が要因なのでしょう。学校に過失がある場合もあるのではないでしょうか。

裁判になるケースのほとんどは，初期対応の不備

　初期の消火を誤れば大火になります。逆に大きな火事でも初期の時点では，

小さいボヤです。
　お笑いタレントの明石家さんまさんはお笑いモンスターと呼ばれ，お笑いの実力に対して敬意を表されています。教育界に，もしモンスターが生まれるとしたら，学校教育の教師たちが「教育モンスター」になり，保護者や子どもたち，そして学区の人たちから敬意を表される存在になりましょう。

最も大事なことは，保護者と学校の関係性である

　保護者と学校の両者の関係性は，そもそも対立する関係ではないことは，誰もがご承知のことです。
　保護者は，わが子が将来に渡って豊かに生きていき，夢をかなえることを願いますね。このことは学校教育も同じです。
　子どもたちが豊かに人生を歩んでいくための，基礎的な力を培っていけるようにすることが，学校教育の使命です。

```
　子どもたちには，「自立した社会人」になってもらいたいです。
　このように，保護者と学校は同じ志を共有する立場なのです。
　ですから，家庭教育の立場と学校教育の立場の同志として，協働行動をしていきましょう。
　保護者と学校の良好な関係性が，1＋1＝3の効果を生みます。
```

　家庭はホッとくつろぐところです。人として豊かに生きるための，心の充電を図るところです。親のモデルを学ぶところでもあります。
　保護者と同志という志をしっかりつかんでいく受信力（受信スペック）です。

学校は子どもたちにとっての社会の職場でもある

　子どもたちは学校でちゃんと仕事をしているのです。
　何の仕事かというと，給食当番や掃除当番や係活動，日直などです。みんなが平等に仕事をしていく前提の上で，助け合いや思いやりが生まれます。
　おとなの社会も子どもの社会も，自分の勤めは果たそうという共通点があるのです。
　家庭教育と学校教育には，それぞれの役割と共通する志がしっかりあります。このような両者の関係性，協働性を理解して，学校教育の使命を改めてとらえ直し，豊かに協働行動を試みる受信力（受信スペック）です。

教師と保護者，同じ理想を描きます

ポイント

●子どもは生活全般で学び育つ

　子どもはすべての生活する場を通して，いろいろな学びを経験します。
　子どもにとっては家庭と職場としての学校が生活の2大柱です。
　ですから，家庭での学び，学校での学びが連動していることは重要です。

●学校は子ども相手だけではない

　学校教育は子どもたちへの対応が中心ですが，保護者との連携も大切という感覚で，組織的に対応することが大切です。
　日常の活躍ぶりなどリアルタイムに連絡を取り合っていきましょう。
　学校から家庭へどんどん情報発信したり，積極的なコンタクトを働きかけたりすることが，絆づくりの近道です。

●もっと緊密な連携を築く

　保護者との連絡については，子どもへの対応より，負荷を感じることが多くあると思います。これは慣れていないためです。
　一定の場数を踏んで慣れれば，負荷はなくなります。教師集団が保護者との連絡を取り合うことに喜びを感じることが理想です。

㊵ 本当に子どものためになるか を考える

なぜ「子どものため」と言い切れるのか

「For Children（子どものため）」，この言葉は美しいですね。
でも，「子どものため」になるとはどういうことでしょうか。
それは「子どもの立場」に立つということです。

　「子どものため」は美しい言葉ですが，この言葉の意味を問い直してみたいと思います。
　「子どものため」と言えば，教師としての行いはすべて正当化され，教師として適正な行動をしているという自負が生まれます。
　でもこの思いに，思わぬ落とし穴があるのではないかととらえ直してみたいものです。
　「子どものため」という言葉や姿勢には，教師としての発信が色濃く表れているのではないでしょうか。
　「自分のやっていることは，子どものためなんだぞ。」という強い気持ちがにじみ出ているようにも思います。

　　大事なことは，「本当に子どものためになるのでしょうか。」という自問自答が教師自身にあったかどうかです。

「本当に子どものため」と言うには，かなり用意周到に準備をして周辺情報などを把握し，きちんと吟味した上で生まれてくる確固たる信念で，遂行されるべきことです。
　「子どものために」と言う前に，それはいつも大前提としてあるということをきちんと認識することが必要です。

　本当に子どもの将来のためになること，それに超したことはありません。
　子どもの将来像が，教師にも見えている訳ではありませんから，ここは慎重かつ謙虚で，確固たる信念で邁進することが大事です。

子どもの立場に教師が立つ

　子どもの立場に教師が立ってみましょう。
　教師が子どもの立場に立ったとき，初めて，今子どもはどんな景色が見えているのかが分かるはずです。子どもが今見ているものをしっかりと共有してこそ，「子どものため」に必要なことが何かという確信が生まれてくるのではないでしょうか。

　おとなである教師には，子ども時代の経験があります。自分の子ども時代の感覚も思い出しながら，子どもの立ち位置に自分も立ってみる，子ども目線で見渡してみる。そうすれば，教師の見えている景色と，子ども目線で見る景色とでは，かなり異なることに気付くことでしょう。
　同じ景色を見て，共感したり，そこでの意見交流をしたりすることは，子どもにとっても必然性を感じることだと思います。
　子どもの見ている景色を受信する受信力（受信スペック）です。

「子どものため」という言葉は，厳しい言葉である

「子どものため」ということは，絶対に必要なことです。

ただし，安易に言うべきではないとも思います。

謙虚さをもつことが，森を見て木を見ることになり，気がつかなかった子どもの一面を感じとることにもつながります。

子どもは人です。自分たちもかつては子どもでした。

すべての子どもは必死にがんばっています。おとなが思う通りではなくても，背負っているものがあり，これまでに培われたものもあるわけです。

子どもに敬意を表し，本当にこの子どもの立ち位置を理解し，ニーズに応えるために，慎重にゆとりと敬意をもって子ども理解に努める受信力（受信スペック）です。

子どもの立場に立ってみる

子どもの目線で景色を見る

ポイント

●何がためになり，何がためにならないか

「子どものため」というのは，どんな意味でしょう。
「子どものため」になる内容と，「子どものため」にならない内容は明らかでしょうか。
本当に子ども自身のためになるものを，与えるだけでいいのでしょうか。

●子どもは自分のためになると思っているのか

子ども自身は自分のためになると思っているのかを問う必要があると考えます。自分自身が真に会得するということは，自らの意思で自らが獲得していくべきものでもあります。

●子どもの立っている場所に行く

「子どものため」に本当になるのか，教師サイドの一方通行の見方になっていないか，自問自答が必要です。
大切なことは，子どもの立場になってみて，どんな景色を見ているのかをつかんでいくことです。それから課題が生まれます。

おわりに

　教師は，ずっと生活指導ができる人が力があるとされてきています。生活指導とは集団統率力です。教室全体を静かにさせる力，朝会で全校の児童生徒を静かに整列させる力，これらができる教師が力量を高く評価されてきています。そのために，授業中に私語を慎むようにしっかり指導することを求められてきています。そして，授業中に私語をしている子どもがいるときは，きちんと叱ることにも努めています。

　教室がざわついている状態の学級やとても子どもたちの表情が豊かで穏やかな子どもらしい状態の学級を，子どもたちの視点で考えてみましょう。

　前者の状態では，子どもたちの教師への評価はどうでしょうか。教師が嫌いな子どもが多くいたり，子どもが教師への不満を抱いていたりしているのではないでしょうか。

　一方，とてもいい雰囲気の学級の子どもたちは，多くは教師のことを好きであったり，信頼感を厚く抱いていたりしています。

　これらから，子どもはちゃんと自分たちのことを見てくれている教師，自分たちの話をちゃんと聞いてくれる教師，誰に対しても同じ気持ちで接してくれる教師，このような教師の姿を理想像として描いているとも言えます。

　つまり，教師に対して敬意や信頼があれば，その教師の指示にはちゃんと従うのです。このためにも，教師は子どもの気持ち，心の奥底にある思いを理解しようとする姿を，子ども自身にしっかり認知させることが，最も重要なことです。

　さらに，発達特性や学習障害等，教師がしっかり理解する必要がある視点もたくさんあります。

　本書をきっかけにして，多くの先生方が受信力（受信スペック）を磨いていくことを切に願っています。

　2018年5月

　　　　　　　　　　　　　　　　　　　金城学院大学教授　森上　一美

【著者紹介】

森上 一美（もりかみ　かずみ）

昭和56年4月から名古屋の公立中学校教諭、平成7年4月から名古屋の公立小学校教務主任、平成12年4月から名古屋の公立小学校教頭、平成21年4月から名古屋の公立小学校長を経て平成30年4月より金城学院大学人間科学部現代子ども教育学科教授。

〔本文イラスト〕木村美穂

信頼される教師の受信力
―子どもも保護者もついてくる40の法則

2018年6月初版第1刷刊　Ⓒ著　者　森　上　一　美
　　　　　　　　　　　　発行者　藤　原　光　政
　　　　　　　　　　　　発行所　明治図書出版株式会社
　　　　　　　　　　　　　　　　http://www.meijitosho.co.jp
　　　　　　　　　　　（企画）木山麻衣子（校正）吉田　茜
　　　　　　　　　　　〒114-0023　東京都北区滝野川7-46-1
　　　　　　　　　　　振替00160-5-151318　電話03(5907)6702
　　　　　　　　　　　　ご注文窓口　電話03(5907)6668
＊検印省略　　　　　　　組版所　長　野　印　刷　商　工　株　式　会　社
本書の無断コピーは、著作権・出版権にふれます。ご注意ください。

Printed in Japan　　　　　ISBN978-4-18-282915-4
もれなくクーポンがもらえる！読者アンケートはこちらから
→

好評発売中

算数力がみるみるアップ！

パワーアップ読み上げ計算ワークシート

志水 廣 編著・篠崎富美子 著

【全3巻・B5判】

1分間頑張るだけで計算力、暗算力が伸びる！

計算式の一覧表を見ながら計算して答えを声に出す音声計算。そのシステムを使い計算練習ができる読み上げ計算ワークシートを単元別に収録。答え合わせがすぐできる解答シートや記録表つきなので子どもが自ら取り組む計算練習のアクティブ・ラーニングにもつながります！

1・2年

図書番号【1788】・136頁・1,900円＋税

1年　パワーアップ読み上げ計算：●のかずを　いいましょう／いくつといくつ　6まで／なにと口で10　10をつくる／10といくつ／3つのかずの計算／くり下がりのあるひき算、なしのひき算／どちらが大きいですか　など

2年　パワーアップ読み上げ計算：10分前、後の時こく／1けたのひっ算　たし算ひき算／1000までの数の直線／ひき算　何十－何十／2けたのひき算／かけ算九九⑤　混合1／分数　色のついたところを　分数で言いましょう　など

3・4年

図書番号【1789】・136頁・1,900円＋税

3年　パワーアップ読み上げ計算：あなあき九九　6のだん／わり算③　混合／何十÷口／暗算／一つ上の位、下の位／分数　どれだけ入っていますか／口時まであと何分／重さ　たんいの言いかえ、ふさわしいたんい　など

4年　パワーアップ読み上げ計算：角度じゅんびの計算／億兆の数の数直線／四捨五入　整数／面積の単位／たして100になる数／分数の数直線／小数　小数第3位まで／ふさわしい単位をつけましょう　長さ、かさ、重さ　など

5・6年

図書番号【1790】・112頁・1,800円＋税

5年　パワーアップ読み上げ計算：体積、面積の計算／合同の条件／小数÷小数の準備／小数のかけ算わり算　混合／公約数を速く見つけるための練習／分数を小数に変える　小数を分数に変える／立体の名前、部分の名前　など

6年　パワーアップ読み上げ計算：線対称・点対称／縮尺の計算／逆数／積や商が、もとの数より大きくなるか小さくなるか／分数　分を時間に／速さの公式　単位の式／円の面積／立体の体積／比例・反比例／比を簡単にする　など

明治図書　携帯・スマートフォンからは　**明治図書ONLINEへ**　書籍の検索、注文ができます。
http://www.meijitosho.co.jp　＊併記4桁の図書番号（英数字）でHP、携帯での検索・注文が簡単に行えます。
〒114-0023　東京都北区滝野川7-46-1　ご注文窓口　TEL 03-5907-6668　FAX 050-3156-2790